꿈을 향해 폭발적으로 도약하는 기술
점프

꿈을 향해 폭발적으로 도약하는 기술

김형규 지음

점프

두드림미디어

1995년 5월, 나는 아침 일찍 영동고속도로를 달리고 있었다. 전날 평창에서 열린 학술대회에 참여해 오랜만에 만난 교수님들, 대학원생들과 늦게까지 이어진 즐거운 여흥을 반추할 겨를도 없이 오전 9시에 예약된 진료시간에 맞춰 달리는 길이었다.

2시간 안에 도착하려면 서둘러야 했다. 평창을 지나 둔내, 횡성을 지나는데 갑자기 졸음이 몰려왔다. 갓길에서 잠시 쉬어가야겠다고 생각하는 순간, 갑자기 차체가 심하게 요동치더니 차가 도로 아래로 추락했다. 눈 깜짝할 사이에 일어난 일이었다. 달리던 차가 커브 길에서 차선 바깥쪽으로 튕겨나간 것이다. 수마(睡魔)가 할퀴어 그만 돌아올 수 없는 길, 낭떠러지로 향하고 말았다. 그 순간의 공포는 잊을 수가 없다.

정신을 잠깐 잃었던 것일까? 문득 정신을 차리고 살펴보니 보조석과 뒷자석, 트렁크는 떨어져 나가거나 형체를 알아볼 수 없게 변했고, 나는 운전대를 잡고 망연자실했다. 멍하니 그 자리에 얼마나 앉아 있었을까? 무엇을 해야 할지 아무것도 떠오르지 않았다. 내가 얼마나 다쳤는지 살펴볼 만큼의 여유도 없었다.

그때, 저 위쪽에서 외치는 누군가의 목소리가 들렸다.

"괜찮으세요?"

간신히 몸을 일으켜 소리가 나는 쪽을 바라보니 고속도로 위에서 아저씨 한 분이 손을 흔들며 소리를 지르고 있었다.

"네, 저는 괜찮아요!"

뭐가 뭔지 모르겠지만 죽지 않고 목숨이 붙어 있으니 그것만으로도 다행이라는 생각이 들었다. 걸을 수 있으면 운전면허증 등 자동차 관련 증명서를 챙겨서 올라오라고 그가 소리쳤다. 나는 면허증과 눈에 띄는 몇 가지를 움켜쥐고 간신히 가파른 비탈길을 올라갔다.

점프 - 꿈을 향해 폭발적으로 도약하는 기술

　그는 내 뒤를 달리던 덤프트럭 운전기사였다. 앞에 달리던 차가 갑자기 사라지자 불길한 마음에 트럭을 세웠다. 그는 고맙게도 나 대신 경찰은 물론이고 보험사 등의 연락을 도맡아 해 주었고, 덕분에 30분 만에 사건은 종결되었다. 차는 폐차 처리하기로 했고, 천만다행히 큰 부상을 입지 않은 나는 약속된 진료 업무를 마칠 수 있었다.

　진료를 마친 후, 보건소 관사의 침대에 누워 나는 깊은 생각에 잠겼다.

　'왜 나에게 이런 끔찍한 일이 일어났을까? 그리고 어떻게 그 끔찍한 사고를 당했는데도 나는 멀쩡하게 살아 있을까?'

　평소 고민하지 않던 여러 가지 생각들이 밀물처럼 밀려왔다. 그날 하루의 일이 꿈만 같았고 실감이 나지 않았다.

　이 사건은 내 인생의 전환점이 되어주었다. 이후 나는 인생에 대해 더욱 치열하게 고민하고 모색하는 시간을 가졌다. 환자를 치료하는 의사에서 그치지 않고 새로운 길에 과감히 뛰어들었다. 이 세상에 꼭 필요한 사람이 되기로 했다. 환자의 병든 환부만이 아니라 사회를 치료하는 의사, 세계를 치료하는 의사가 되고 싶었다.

내가 가장 잘할 수 있는 것이 공부와 연구였다. '뜻이 있는 곳에 길이 있다'라는 말은 사실이었다. 나는 과감히 영국 케임브리지 대학교와 옥스퍼드 대학교의 문을 두드렸고, 닫힌 문은 스르르 내 눈앞에서 열렸다.

2009년 가을, 미국 샌프란시스코에서 열린 세계적인 규모의 학회에 참석했다. 1,000여 명의 리더들이 한자리에 모였다. 앞으로 세상을 주도할 새로운 패러다임을 이야기하고, 또 미래를 어떻게 준비해나가야 할지 다양한 의견이 쏟아져 나왔다.

그중에서 중요한 내용 중 하나가 바로 '퀀텀 리프(quantum leap)'였다. '퀀텀 리프'는 과거의 성공 방식에서 새로운 성공

방식의 하나로 제시되었다. 우리말로 표현하자면 '비약적인 도약', 혹은 '폭발적인 도약'쯤으로 설명할 수 있을 것이다.

과거 농업시대나 산업시대에서는 상상할 수 없었던 일들이 지금 이 세상에서는 일어나고 있다. 인종과 국경을 넘어 지구촌의 한 주민으로서 우리는 살아가고 있다. 이 시대를 '유비쿼터스 사회'로 규정할 수도 있을 것이다. 어디에 살든 무엇을 하든 하나 된 지구촌의 주민이라는 사실은 변하지 않을 것이다. 실제 상황이든 혹은 인터넷이라는 가상공간이든 사람들은 실시간으로 이동하고 넘나들며 세계 속에 침투하고 있다. 특히 아이폰이나 스마트폰은 유비쿼터스 사회를 직접 경험할 수 있는 새로운 도구로 주목받고 있는데, 퀀텀 리프로 성공을 거머쥐는 최고의 순간에도 유용하게 쓰이는 도구다.

당신과 내가 이 새로운 세상을 위해 먼저 준비해야 할 것은 퀀텀 리프를 실행할 마인드셋을 구성하는 것이다. '내 것'이라고 움켜쥐고 있던 과거의 모든 지식과 경험을 아낌없이 버리고, 새로운 사고의 틀을 만드는 데서 출발한다. 오래전부터 나는 어떤 세상에서도 흔들리지 않고 당당하게 주역으로 살아갈 수 있는 길을 모색해왔다.

자, 이제 새로운 세계로 함께 떠나보자.

김형규

차 례

1장
퀀텀 리프와 나의 노래

2장
살아 있음이 바로 희망

3장
그 순간의 점프

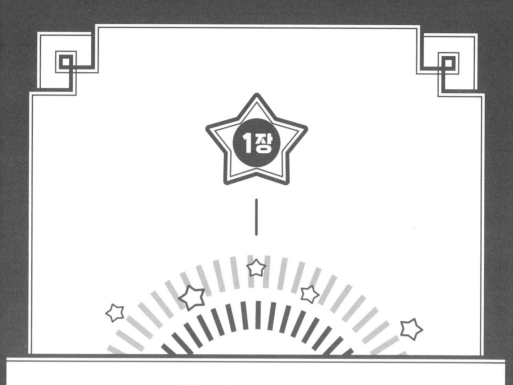

퀀텀 리프와
나의 노래

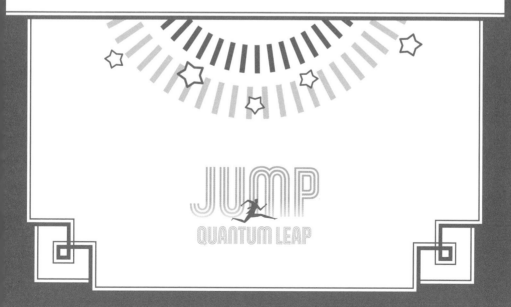

퀀텀 리프와
나의 노래

　'퀀텀 리프(Quantum leap)'는 변화를 위한 폭발적인 도약을 의미하는 것으로, 21세기에 등장한 새로운 트렌드다. 영혼의 성장이든, 혁신경영론의 폭발적 성장이든 중요한 것은 어느 한 순간 훌쩍, 상상도 못 할 정도로 그렇게 높이 뛰어오르는 순간이 있다는 것이다. 그 도약은 인간의 노력과 무관하게 하루아침에 이루어진 것 같지만, 그동안의 수고와 한숨과 눈물이 모두 모여 응축되어 있다가 필연적인 어느 지점에서 도약을 이루었다고 보는 것이 타당하다.

　아무런 결실도 보지 못하고 공중에 흩어지는 것만 같았던 노력과 수고가 어느 순간 때가 차서 터져 나온 것이다. 이것이 '퀀텀 리프'다. '모든 것이 합력해서 선을 이룬다'라는 로마서의《성경》구절과도 일맥상통한다.

퀀텀 리프는 출발점부터 다르다. 불가능한 미래를 꿈꾸는 것이다. '불가능'이란, 인간이 미리 쳐놓은 그물이며 한계다. 인간은 그간 자신이 겪은 경험과 사고에 갇혀 그것이 전부라고 믿으며, 자기 자신을 규정하고 꿈을 축소하는 경향이 있다. 불가능한 꿈을 꿈으로써 실망하고 상처받기 싫다는 마음이 베이스에 깔려 있다. 퀀텀 리프는 그 한계를 뛰어넘는다. 퀀텀 리프는 흔히 제 몸뚱이의 몇십 배, 심지어는 100배를 넘게 거뜬히 뛰어넘는 벼룩의 점프와 비교되기도 한다.

예전에 한 신문에 '벼룩 점프의 비밀 44년 만에 풀렸다'라는 제목의 기사가 실렸다.

주인공으로 등장하는 몇 가지 속담('벼룩도 낯짝이 있다', '뛰어 봐야 벼룩' 등) 속에서도 아주 하찮고 볼품없는 역할만을 감당하는 벼룩은 가공할 점프 실력으로 몇몇 연구자들의 주목을 받아왔다. 자기 몸의 100배 이상을 점프하는 그 힘은 도대체 어디서 나오는 것일까? 벼룩의 스프링 메커니즘을 연구해온 학자들은 2~4mm밖에 안 되는 몸뚱이를 현미경으로 확대해서 분해시켜놓고 아무도 알아주지 않는 연구에 매진해왔다. 벼룩은 몸길이가 2~4mm밖에 안 되지만, 높이로는 최고 18cm, 너비로는 33cm까지 점프할 수 있다. 자신의 몸에 비해 100배 혹은 그 이상을 뛰어오르는 것이다. 속도는 초속 1.9m다.

점프 - 꿈을 향해 폭발적으로 도약하는 기술

저자의 모교인 영국 케임브리지 대학교 동물학과 교수인 말콤 박사는 벼룩이 실제로 어떻게 점프를 하게 되는지 그 과정을 촬영해서 논문으로 발표했다. 재미있는 사실은 벼룩은 어두운 곳에서는 가만히 있고, 빛을 비출 때만 점프를 한다는 사실이다. 그래서 아주 약한 빛으로 벼룩의 정지 상태를 촬영하기 시작해서 갑자기 강한 빛을 비추어 점프를 유도하고, 그 전 과정을 관찰했다. 총 51회 촬영해서 벼룩의 점프에 대해 상세한 발표를 할 수 있었다.

벼룩 점프의 비밀에 대해서는 몇 가지 중요한 시사점이 있다.

첫째, 벼룩은 자신의 몸보다 100배를 뛰어오를 수 있는 에너지인 '레실린'이라는 단백질을 가지고 있다. 이것을 우리는 '잠재력'이라고 말한다. 평상시에는 잘 드러나지 않아 자신의 능력이 있는지 없는지조차 알 수 없지만, 결정적인 순간, 엄청난 힘으로 나타나게 되는 것이다.

둘째, 벼룩은 어두운 곳에서는 정지하고 있지만, 갑작스럽게 빛을 비추게 되면 순식간에 엄청난 에너지를 집중해서 높이 점프한다.

도약을 위해 우리 인간도 다양한 자극을 필요로 한다. 스스로 한계를 규정 짓는 상황이나 절벽 앞에 선 것 같은 어려움, 더 이상 앞이 보이지 않는 막다른 골목 등은 끝이 아니라 시작을 알리는 신호라고 할 수 있다. 그동안 응축된 에너지와 본격적인 자신의 능력을 마음껏 발휘할 순간이다.

셋째, 벼룩은 점프할 때 축적된 에너지의 97%를 한순간에 사용한다는 것이다. 우리가 새로운 도약을 할 때도 마찬가지다. 잠재된 능력과 에너지를 최대한 집중해야 원하는 점프가 가능하다.

벼룩이라는 볼품없는 생명체에도 이와 같은 놀라운 메커니즘과 능력이 작동하는데 우리 인간에게는 얼마나 많은 가능성이 잠재되어 있겠는가. 벼룩을 통해 우리는 같은 원리를 삶에 적용해볼 수 있을 것이다.

퀀텀 리프는 세상에 엄연히 존재하는 법칙이다. 물리학적으로 생물학적으로만 검증된 것이 아니라, 우리 삶에서도 경험할 수 있는 자연의 법칙이다.

당신은 지금 뛰어오를 준비를 마쳤는가?
이 세상에 하나밖에 없는 당신의 노래를 부를 준비가 되었는가?

점프 - 꿈을 향해 폭발적으로 도약하는 기술

Quantum Leap Tip

지금 당장 전신 거울 앞에 서보라. 그리고 자신의 모습을 똑똑히 보자. 성공모델로 삼고 싶은 그 누군가를 떠올리며 자신의 모습과 비교해보라.

'나라고 못할 것이 뭐가 있겠는가?'

이 생각을 바로 당신의 삶에 작동시켜라!

변화를 위한 폭발적 도약

　지난해 여름, 찜통 같은 무더위 속에서도 정신없이 바빴던 나는 어느 날 진료실을 뒤로하고 직원들과 함께 동해로 떠났다. 낚시여행이었다.

　출발하는 날 아침은 소풍 가는 아이처럼 가슴이 설렜다. 어렸을 때, 나는 자주 바다로 나가 물고기를 잡았다. 성큼 다가온 가을을 예고하듯 구름 한 점 없이 드높은 하늘은 우리의 마음을 더욱 들뜨게 했다. 그물이 찢어질 듯 물고기로 가득한 만선으로 돌아오는 어부의 꿈처럼, 우리 일행은 동해의 물고기를 모두 잡아 올릴 듯 기세 좋게 출발했다.

　우리가 탄 배가 물살을 가르며 바다 한가운데 다다르자 선장은 배를 멈추었다.

　"자, 이제 여기서 낚시하시면 됩니다."

그런데 좀 전까지의 그 서슬 퍼런 기세는 모두 어디로 갔을까? 한 명, 한 명 창백해진 얼굴로 비틀거리기 시작했다. 어떤 이는 아예 무릎을 잡고 쪼그리고 앉았다. 더 이상 숨을 쉴 수 없다는 몸짓을 보이는 직원도 있었다. 흔들리는 배 위에서 겨우 10분 만에 우리 일행은 백기를 들었다. 도망가듯 모두 배를 버리고 하선했다.

남은 사람은 선장과 나, 단 둘뿐이었다.

"저랑 아주 먼 바다까지 가실 수 있겠습니까? 4시간 후에나 돌아옵니다. 자신 없으면 지금 말씀하시고요!"

어린 시절 인천에서 배낚시를 자주 해봤던 나로서는 결코 거절할 수 없는 제안이었다.

"좋습니다. 아무 걱정하지 마시고 고기를 많이 잡을 수 있는 곳으로만 데려가 주세요."

장장 1시간여 배를 타고 바다 위를 달리는데, 우리 앞에는 한 척의 배도 보이지 않았다. 수심을 가늠할 수도 없는 깊은 바다 한가운데 선장은 배를 세웠다.

"이곳에서는 어떤 고기들이 잡히나요?"

"여기는 수심이 150~200m 정도 되는 곳으로, 대구를 잡을 수 있습니다."

기다렸다는 듯 즉각적인 대답이 돌아왔다.

"뭐라고요? 대구라고요?"

나는 깜짝 놀랐다.

"대구는 원래 그물로 잡지만, 낚시로 잡으면 그 값어치가 엄청나지요."

선장의 어깨가 으쓱 올라갔다.

결론을 말하면, 그날 나는 엄청나게 큰 대구들을 잡았다. 〈내셔널 지오그래피〉에서나 봄직한 엄청나게 큰 놈도 있었다. 길이 80cm에 몸통이 20cm나 되는 살아 있는 대구는 놀라움 그 자체였다. 돌아오는 배 안에서 나는 잊을 수 없는 교훈을 되새겼다.

'퀀텀 리프, 새로운 경험은 두려움을 뒤로 하고 도약하는 데서 비로소 얻을 수 있다!'

'퀀텀 리프'란, 양자물리학에서 나온 말로 한 물질의 입자가 한 장소에서 다른 장소로 이동할 때 필요한 폭발적인 도약을 의미한다. 퀀텀 리프를 한다는 것은 모험하는 것이다. 이제껏 아무도 가보지 않은 곳으로 어떤 안내장이나 지침서 없이 과감하게 길을 나서는 것이다.

이는 물리학뿐만 아니라 우리의 삶에도 적용할 수 있다. 지금까지의 경험과 생각 및 사고방식을 완전히 바꾸고 재구성하면, 우리가 생각지도 못했던 새로운 결과를 얻을 수 있다는 것이다.

요즘 경기가 불황인가, 호황인가? 나를 둘러싼 외부환경은 호조건인가, 아니면 악조건인가? 내가 처한 환경은 내가 규정하고 만드는 것이다. 내가 질질 끌려다니는 것이 아니다.

그렇다면 새롭고 멋진 환경은 어떻게 만들 수 있을까? '퀀텀 리프', 즉 비약적이고 폭발적인 도약 같은 사고전환이 반드시 요구된다.

내가 지금 할 수 있는 퀀텀 리프가 무엇인지 주변에서 찾아보자.

　상처뿐인 영광과 공허한 승리, 허탈한 승자와 환호작약하는 패자로 인간을 나누는 것이 아니라 연대해서 함께 승리하는 것이 중요하다.

　윈윈 법칙을 활용해 적용할 수 있는 일은 많다. 내가 가진 것을 감사하고 나누는 것이다.

　부(富)와 시간을 나누고, 기술과 물건을 나누며, 따뜻한 마음을 나누고, 아이디어와 힘을 나누는 것이다.

서른 중반에
길을 떠나다

한국에서 치과의사는 수입도 괜찮고 사회적으로도 인정받는 위치다. 그런데 어느 날, 나는 그 모든 것을 뒤로하고 먼 길을 떠났다. 영국 케임브리지 대학교에서 시작한 유학생활은 계급장 없이 알몸으로 덤벼든 인생의 새로운 경험이나 마찬가지였다.

엄청난 물가를 자랑하는 영국이라는 나라에 도착해 경영학이라는 낯선 학문에 뛰어들었다. 해외 경험이 전무한 35세의 늦깎이 유학생은 그동안 모아놓은 몇 푼 안 되는 저금을 곶감 빼먹듯이 빼먹으며 생활했다. 더구나 내겐 이미 아이가 둘이나 있었다.

돈을 아끼기 위해 자동차도 사지 않고, 자전거 두 대로 아이들과 함께 유학 생활을 마쳤다. 경영학을 공부하며 처음에는 고전했지만, 날이 갈수록 재미와 보람을 느꼈다. 세계적으로 큰 화젯거리였던 경영학 이슈를 머리 싸매고 공부하던 어느 날, 나는 그것을 강의시간에 발표해서 교수님과 클라스메이트 들로부터 큰 박수를 받았다. 경영 컨설팅 회사에서 새로운 일을 시작할 수 있었던 계기인 셈인데, 이 모든 과정은 나의 잠재력이 능력이 되는 놀라운 순간이요, 새로운 도전이었다.

대부분의 사람들은 자신이 처한 상황에서 한 번에 한 걸음씩 단계적으로 발전하는 것을 성공이라고 여기고, 그런 사고방식을 끝까지 버리지 못한다. 노력을 통해 단계적으로 발전하는 성공도 소중하지만, 그것만이 전부는 아니다.

학자들이 이야기하는 20년 후의 미래 세계를 여행해보자. 우리 자녀들이 앞으로 살아갈 새로운 세상, 그 세상을 준비하기 위해 우리는 무엇을 해야 할까?

UN 미래포럼 회장이자 세계 미래연구기구협의회 회장인 제롬 글렌(Jerome Glenn)은 다가올 우리의 미래를 구체적으로 묘사하고 있다. 20년 후에 우리는 특수 콘택트렌즈와 특수 옷을 입고 24시간 사이버 세상과 연결될 것이다. 제롬은 인터넷과 연결하는 이 장비를 '사이버 나우(Cyber Now)'라고 부른다. 대부분의 사람들은 미디어나 통신 매체, 인터넷으로 인해 세상이 너무 많이 변했다고 생각하지만, 앞으로 찾아올 가상현실 세계는 더욱 상상을 불허한다.

아침에 눈을 뜨자마자 곧바로 사이버 공간에 접속한다. 3차원 정보 속으로 다이빙하고 데이터 사이를 헤엄쳐 필요한 공간에 들어간다. 그곳에는 인간처럼 생각하고 말하는 인공지능(AI)이 나를 기다리고 있다. 하루 일정을 알려주는 것을 시작으로 구체적인 상담까지, 이 모든 것이 가상현실로 이루어진다. '사이버 나우'는 처음에는 특수장비라고 해서 고가로 팔리겠지만, 나중에는 공짜 휴대폰처럼 무료로 배포되어 누구나 원하기만 하면 가상공간에 상시 접속할 수 있을 것이다.

프랑스의 미래학자이며 세계 미래학회 회장인 파비엔 구보디망(Fabienne Goux-Baudiment)은 "2040년 인간의 평균수명은 120세가 넘을 것이다"라고 예측했다.

평균수명이 늘어나면서 인간은 앞으로 제3의 인생을 살게 된다. 제1의 인생을 60세, 제2의 인생을 90세, 제3의 인생은 120세까지로 구분해보자. 앞으로 '검은 머리 파뿌리 되도록 살아간다'라는 말은 지구상에서 사라지게 될지도 모른다. 30세쯤 결혼한다고 가정했을 때, 한 배우자와 100년 가까이 살아야 한다는 결론이 나온다. 그렇게 길고 지루한 결혼생활을 견뎌낼 사람이 과연 얼마나 많을까?

파비엔 구보디망 회장은 늘어난 평균수명이 결혼 패턴과 가족제도를 송두리째 바꾸어놓을 것이라고 진단한다. 현재

70~80세인 노인들이 몇십 년을 더 살면서 사회에서 할 수 있는 일은 그리 많지 않다. 그런데 수명이 120세까지 연장되면 인간은 도대체 무엇을 하며 살아가야 할까?

또 다른 미래학자 존 나이스비트(John Naisbitt)는 미래를 '고도의 정신문명 사회'로 정의한다. 가상현실이 일반화되고 기억이 업로딩되며 인조인간이 보편화된다는 것이다. 물질 만능과 고도의 물질 문명으로 인한 인간성 상실이 확실시되면서 인간의 고독과 트라우마는 획기적인 새로운 치료 방법을 요구하고, 과학과 종교의 새로운 만남이 시작될 것이라는 예견이다.

미래학자들의 미래전망이 썩 밝지는 않지만, 우리는 미래를 향해 한 발자국, 한 발자국 걸음을 내디딜 수밖에 없다. 1단계 혹은 몇 단계씩 점진적으로 바뀌든, 예측도 못 했던 방식으로 확 바뀌든 우리 인간은 패러다임의 혁명, 사고의 틀 자체가 송두리째 바뀌어야 하는 알 수 없는 세상을 앞두고 있다. 바꾸어 표현하면, 우리 개개인의 능력 또한 폭발적으로 도약할 수 있다는 것을 암시한다. 그곳이 어디든 스스로의 힘으로 도달할 수 있다는 믿음이 중요하다.

나 자신뿐만 아니라 미래를 살아갈 우리 자녀들에게 전해주어야 할 가장 중요한 것이다.

Quantum Leap Tip

    중요한 것은 다른 사람에 비해 잘하느냐, 못 하느냐가 아니다. 내가 하는 일에 기쁨을 느끼면 되는 것이다.

    바이올린 연주를 통한 즐거움은 알버트 아인슈타인(Albert Einstein)으로 하여금 위대한 과학자가 되는 데 밑거름이 되었다. 중요한 것은 아인슈타인이 평생 바이올린 연주를 즐겼다는 사실이다.

상상하면
현실이 된다

사람들은 보통 눈에 보이는 명백한 것을 따르려고 한다. 자신이 그동안 살면서 가장 효과적이었던, 혹은 재미를 봤다고 생각하는 행동을 습관적으로 반복하려는 경향이 있다. 어떤 방식으로 접근했다가 우연히 잘 맞아떨어지고 그 방식으로 인해서 일이 성사되었다고 생각하게 되면, 사람들은 그 방법에 집착한다. 그 방법은 나중에 편견과 고정관념으로 변하기도 한다.

한 가지 방식에의 지나친 의존과 집착은 새로운 방식을 무조건적으로 거부하는 모습으로 나타나 새로운 경험으로 인한 성장과 발전을 저해한다. 익숙한 것만 선호하고 새로운 것을 두려워하는 습관은 결국 사람을 더욱 위험한 곳으로 내몰기도 하는데, 사람이 나이가 들면서 새롭고 낯선 일을 맞닥뜨리지 않고 살기란 거의 불가능하기 때문이다. 친구를 사귀는 일부터 시작해서 진학, 취업, 결혼 등 새로운 과업들이 우리 앞에 기다리고 있다.

하고 싶지 않아도 해야 하는 일들을 하나하나 정면 돌파하면서 사람은 성숙하고 발전하게 된다. 싫은 것을 계속 피하기만 해서는 더 큰 수렁이 우리 앞을 막는다. 한 번뿐인 인생의 주인공으로 살고 싶다면, 익숙한 것에서 벗어나 새로운 길에 뛰어드는 용기도 필요하다. 열정적으로 삶을 모색하는 태도야말로 자신이 원하는 새로운 미래를 가져다준다.

'괴짜 CEO'로 불리는 영국 버진 그룹의 리처드 브랜슨(Richard Branson)은 유명한 말을 남겼다.

"내가 상상하면 현실이 된다!"

그는 용감하게도 십 대 중학생 시절부터 잡지 사업을 시작했다. 이후 레코드 회사, 버진 애틀란틱 항공, 음료회사 등 그가 꿈꾸던 다양한 사업을 실천으로 옮기고 성공의 반열에 올랐다. 그뿐만이 아니다. 목숨을 걸고 열기구를 타고 대서양을 횡단한다거나, 버진 콜라를 시장에 내놓았을 때는 탱크를 몰고 코카콜라 본사 건물로 쳐들어가기도 했다. 그가 괴상한 행동을 할 때마다 그의 회사인 버진 로고가 함께했고, 그의 돌발적인 행동은 언론의 주목을 받았다.

그만하면 만족할 만도 한데, 그는 오늘도 새로운 일들을 벌이느라 여념 없다. 버진 갤럭틱이라는 우주여행 상품을 개발해 원하는 사람에게 우주여행을 시키겠다고 호언장담하는가 했더니, 미국 캘리포니아에 있는 모하비 우주공항에 실제 우주여행에 사용할 '화이트 나이트투'라는 비행기를 공개해 수많은 예약자가 대기하고 있는 상태다.

우주관광 여행 비용은 대략 2억 원, 우주여행에 소요되는 시간은 3~4시간 정도라니 그야말로 환상적이다. 무중력 상태에서 아름다운 지구와 우주의 모습을 보게 되는 날이 정말 머지않은 것 같다. 이 비행기는 거대한 탄소 섬유로 만들어졌고, 길이는 24m 정도라고 한다. 현재 버진 애틀란틱은 12대로 운항할 예정이다.

리처드 브랜슨처럼 적극적으로 나서서 세상을 바꾸는 사람은 과거의 틀로 세상을 바라보지 않는다. 그들은 고정관념에서 탈피해 자신만의 새로운 시각으로 세상을 바라본다. 이제까지 잘 통용되어왔던 예전의 방식이 조만간 더 이상 쓸모없어지리라는 것을 그들은 너무 잘 알고 있다.

세상을 바꾸는 사람은 지금까지의 방식이 현 상태를 용케 유지할 수 있을지는 몰라도 커다란 꿈에 가까이 다가가기에는 무리라는 것을 안다. 하늘 높이 훨훨 날아오르는 성취의 날갯짓과는 거리가 멀다고 권고하는 것이다. 계속해서 과거의 방식만

점프 - 꿈을 향해 폭발적으로 도약하는 기술

고집하고 의존한다면, 당신의 성취능력은 점점 하락해서 땅 밑으로 가라앉게 될 것이며, 결국은 자신이 만들어놓은 덫에 갇히게 될 것이다.

"완벽주의자보다는 모험가가 되라"라고 권하는 '꿈꾸는 CEO' 리처드 브랜슨은 자신의 삶을 이렇게 표현했다.

"나는 가슴이 이끄는 대로 살고, 새로운 것에 도전하며, 상상한 것을 실현한다. 내 꿈과 열정에 솔직한 것, 그것이 내 삶이고 경영이다."

세상에서 가장 오래 산 사람으로 공인된 칼망(Jeanne Calment) 할머니는 1997년 8월 4일, 122세를 일기로 사망했다. 내가 칼망 할머니의 삶에서 배운 것은 건강하게 오래 산 자체보다는 그녀가 85세에 펜싱을 배우기 시작하고, 100세까지 직접 자전거를 타고, 110세에 비로소 요양원에 들어갔다는 사실이다.

우리의 삶을 가슴이 시키는, 가슴 뛰는 일로 채워나가자.

Quantum Leap Tip

열망과 열정이 넘치는 사람은 신나게 일할 수 있다. 몰입과 집중이야말로 열정의 증표다. 최선을 다해 남아 있는 에너지를 자신의 일에 쏟아내는 것이다.

열정은 대단한 힘을 갖고 있는 전염병으로, 지켜보는 사람에게 옮겨가는 특징이 있다.

당신은
다이아몬드 원석

나이 서른 중반에 영국 케임브리지 대학교 경영대학원에 입학해서, 첫 시험을 보게 되었다. '계량분석학'이라는 과목이었는데, 시험결과는 76점! 한국에서 줄곧 학교에 다니며, 또 다니던 치·의대에서도 한 번도 받아보지 못한 치욕적인 점수였다.

나는 속으로 '첫 시험이라 점수가 이것밖에 안 나왔겠지!'라고 생각했다. 그런데 알고 보니 76점이 최고 점수였다. '이럴 수가! 76점이 최고 점수라니.' 의구심이 든 나는 담당 교수를 찾아가 물어봤다. 그는 웃으면서 대답했다.

"영국 케임브리지 대학교에서 100점을 받은 학생은 아직 한 사람도 없습니다. 왜냐면 100점은 신(神)만이 받을 수 있는 점수이니까요. 학생들이 잘 받은 점수는 대략 80점 정도라 보면 됩니다."

초·중·고등학교 시험에서 100점짜리가 수두룩한 우리 교육 시스템과 비교했을 때 '100점은 신만이 받을 수 있는 점수'라니 충격, 또 충격이었다.

세상에 태어나서 자신의 가치와, 자신이 진정으로 바라는 것이 무엇인지 알지 못하고 한평생을 살아가는 사람들이 너무 많다. 다른 사람들과 단순 비교해서 섣부른 결정을 내리거나, 미리 설정해놓은 잣대에 따라 판단하고 결정할 때, 사람은 자신의 진정한 모습을 만나기 어렵다.

비교를 통한 단순반복적인 삶을 살아가는 사람들의 특징은 단계적인 성장 과정을 맹신한다는 것이다. 하루하루 단순하게 반복되는 삶만을 성실한 것으로 규정할 때 큰 발전과 성숙은 기대할 수 없다. 자신의 가치를 실현시키고 싶다면, 새로운 생각과 행동방식으로 거듭나지 않으면 안 된다. 당신은 다이아몬드 원석이다. 그저 그렇고 그런 평범한 모습으로 자신을 숨기며 살아왔다.

그동안 억눌렸던, 감추어진 빛을 마음껏 발산하자. 새롭게 태어나기 위해서는 이때까지 고수해왔던 기존의 선입관을 철저히 깨부숴야 한다. 영원히 변하지 않는 것은 없다. 우리에게 주어지는 상황도 언제든 변할 수 있다.

다이아몬드는 천연 광물 중 가장 경도가 높은 물질로서 빛이 잘 투과하고 굴절, 반사하는 정도가 어느 보석과도 비교할 수 없다. 다이아몬드 원석을 잘 연마하면 그 어떤 보석보다 우아하고 화려한 빛을 발산한다. 찬란한 빛과 더불어 다이아몬드는 세상 어디에서도 똑같은 것을 찾을 수 없을 정도로 하나하나가 고유의 모습을 지님으로써 그 가치가 더욱 빛난다. 쌍둥이라고 하더라도 이 세상에 똑같은 사람은 하나도 없는 것과 같은 이치다.

성실과 인내는 정말로 훌륭한 덕목이며 인생에 성공과 성취를 가져다주는 큰 원동력이지만, 그것이 전부는 아니다. 노력이 중요하지만 진정한 의미의 성공을 원한다면 단순반복적인 노력에 그쳐서는 안 된다는 뜻이다. 그 전에 틀을 깨고 나와야 한다. 그러고 나서 다이아몬드 원석에 감추어진 당신만의 멋진 빛을 발현해보라.

Quantum Leap Tip

　동경대학교 하타무라 요타로(畑村洋太郎) 교수는 말했다.
"실패는 단지 기억 속에 지워야 할 대상이 아니라 지혜
의 보고다."
　실패는 나의 잠재력을 끌어올릴 절호의 기회라는 것이
다. 그 시간은 절대 낭비가 아니다. 닭이 알을 품고 있는 소
중한 시간이다.

2,400번 만의
성공

세계가 당면한 가장 어려운 문제들의 해결에 집중하는 기술을 가진 기업이 있다. 미디어 및 금융서비스, 항공기 엔진, 보안 기술, 의료영상, 미디어 콘텐츠, 산업용 제품, 32만 7,000명의 직원, 세계 100여 개가 넘는 국가에 다양한 제품과 서비스를 제공하는 거대기업이다. 상상을 현실로 만드는 힘을 가진 다국적 기업, 제너럴 일렉트릭(GE : General Electric Company)을 살펴보자.

GE는 발명왕 토머스 에디슨(Thomas Alva Edison)으로부터 출발한 회사다. 1878년 에디슨 전기조명회사, 1892년 에디슨 종합전기회사, 그 후 영국의 톰슨 휴스턴 전기회사와 합병해서 오늘의 GE가 탄생했다. GE는 1896년 최초의 다우존스 산업지수에 포함된 기업들 가운데 현재까지 남아 있는 유일한 상장기업이다. GE라는 훌륭한 기업을 유산으로 남기게 된 최초의 발명은 다름 아닌 전구다.

에디슨이 백열전구의 필라멘트를 발명했을 때의 이야기다. 그의 조수가 물었다.

"선생님, 필라멘트를 만들려고 벌써 90가지의 재료 실험을 해봤지만, 모두 실패했습니다. 필라멘트 발명은 불가능한 일 아닐까요?"

에디슨은 다음과 같이 말했다.

"무슨 소리야? 자네는 그것을 왜 실패로 생각하나! 우리들의 실험은 실패한 것이 아니고 안 되는 재료가 무엇인지 90가지나 알아낸 아주 성공적인 실험이었다네."

이러한 끈기와 확신 때문에 에디슨은 발명왕 자리에 오를 수 있었던 것이다.

필라멘트 연구를 본격적으로 시작한 지 13일째 되는 날이었다. 2,399번의 실패를 거쳐 2,400번 만에 드디어 전류를 통해도 타지 않고 빛을 발하는 필라멘트를 만드는 데 성공했다.

에디슨은 이렇게 말했다.

"누구나 2,400번의 기회는 있을 것이다. 그 기회는 실패가 아니라 성공을 위한 기회다. 끝까지 포기하지 않고 가다 보면 성공은 어느 순간엔가 우리에게 와 있을 것이다."

GE는 상상을 현실로 만든 회사다. 지난 130여 년 동안 GE는 세계가 당면한 가장 어려운 문제들을 해결하려고 노력해왔다. GE의 구성원들은 오늘도 에디슨처럼 끝까지 포기하지 않고 당면한 문제들을 하나하나 풀어가고 있다.

이제는 당신 차례다. 만약 당신이 자신만의 경험에 갇혀 '이 정도까지 해서 안 되면 더 이상은 힘들어!'라고 생각하는 지점이 있다면, 지금 당장 생각을 바꾸기 바란다. '어떤 일이든 끝까지 도전하면 반드시 성공한다!'라는 믿음을 가지고 살아갈 때 새로운 길은 열리고 완성된다. 일이 막혀 어려울 때에도 순간순간 '나는 지금 성공의 경험을 하고 있다!'라고 생각하고 행동하라.

Quantum Leap Tip

　두려움을 이기는 가장 좋은 방법은 역설 같지만, 두려움 앞에서 마음껏 두려움을 느끼는 것이다. 그러면 두려움은 어느덧 사라지고 자신을 향한 신뢰와 자신감이 용솟음칠 것이다.

　당당히 마주 볼 것. 두려움을 있는 그대로 느낄 것. 두려움 앞에서 절대 물러서지 말 것.

계곡을 무사히 건넜을 때

경영학 석사 과정을 밟게 된 후 얼마 지나지 않아 나는 자신을 더 잘 알 수 있는 인생의 크나큰 기회를 얻게 되었다. 경영 컨설팅 쪽에 관심이 많은 재학생을 도와주기 위해 학교에서는 커리어 서비스 어드바이저(Career Service Advisor)인 미세스 메간(Mrs. Meagan)을 연결해주었다. 첫 만남에서 나를 간략하게 설명하기 위해 나는 몇 년도 어디 어디 졸업, 무슨 무슨 전공 등을 적은 이력서를 써서 그녀의 사무실로 향했다.

그녀는 내 이력서를 받아들고 쭉 읽어 내려가더니 큰 소리로 웃음을 터뜨렸다.

"So what?(그래서 어떻다는 거야?)"

그녀는 내게 되물었다.

알고 봤더니 우리와 그들의 이력서 쓰는 방식에는 큰 차이가 있었다. 우리는 어떤 학교에 입학해서 공부하고 어느 직장에 다녔는지가 중요하지만, 서양 사람들은 어떤 학교, 어느 직장에 다닌 것보다는 거기서 내가 구체적으로 어떤 역할을 했는지가 더 중요했다. 그러니 그날 그녀의 웃음은 실소에 가까운 것이었다.

그날 이후, 우리는 십여 차례 계속된 상담을 통해 내가 누구인지 대화를 통해 알아나갔다. 세계적으로 유명한 경영 컨설팅 회사는 MBA 졸업생들의 창의적 문제해결 능력에 지대한 관심을 갖고 있었기 때문에, 그녀는 나의 창의적 문제해결 능력이 어느 정도인지, 경영 컨설팅 회사와 잘 맞는지, 아닌지 알아보기 위해 나의 능력을 하나하나 끄집어내기 시작했다.

여러 번의 대화를 통해 내 삶에서 가장 중요한 사건을 찾아내기에 이르렀다. 1988년 여름, 나는 치과대학생으로 한 동아리의 회장을 맡고 있었다. 그 동아리에 소속된 치과대학 학생들과 간호대학생 50명은 무더운 여름날 설악산으로 하계 MT(Membership Training)를 떠났다. 예정된 코스를 따라 백담사를 거쳐 산 중턱에서 텐트를 치고 1박을 한 뒤, 다음 날 아침 대청봉을 넘기로 했다. 계획대로 텐트 안에서 하루를 묵게 되었는데 예기치 않은 일이 발생했다.

갑작스러운 일기의 변화로 밤새 폭우가 쏟아진 것이다. 텐트

안은 물바다가 되었고, 다음 날 아침 대청봉으로 가는 등산로는 폐쇄되었다.

할 수 없이 우리는 하산을 선택할 수밖에 없었다. 1시간 남짓 내려왔을 때, 우리는 또 다른 어려움에 봉착했다. 밤새 내린 비로 계곡물이 무시무시하게 불어났던 것이다. 수십 명의 인원이 쉽게 건널 수 없는 상황이었다.

'이게 말로만 듣던 고립무원이로구나!'

우리는 이러지도 저러지도 못하고 우왕좌왕했다.

그때 내가 한 가지 아이디어를 냈다. 남학생들이 먼저 어깨동무로 계속 끝과 끝을 연결하고, 이를 통해 여학생 전원을 안전하게 구해낸 뒤, 한쪽 끝부터 구호를 맞추어 이동하자는 것이었다. 황갈색 흙탕물로 요동치며 흘러가는 계곡물을 보면 도저히 건널 수 없을 것 같았는데, 우리는 용기를 내어 어깨동무로 다리를 만들어갔다. 한참의 시간이 흐른 후, 계획대로 우리 일행 모두가 계곡을 무사히 건넜을 때, 환호와 함성이 절로 터져 나왔다.

미세스 메간은 나의 이야기를 듣더니 이 사건을 '휴먼브릿지(Human bridge)'라고 명명했다. 그럴싸했다.

그로부터 나는 어떤 문제에 직면할 때마다 자신감을 갖고 도전하게 되었다. 골치 아픈 문제와 맞닥뜨릴 때마다 나는 '휴먼

브릿지'를 떠올리며 용기를 얻는다.

GE의 행동강령 중에는 다음과 같은 글이 있다.

'We solve some of the world's toughest problems(세상의 가장 어려운 문제는 우리가 풉니다).'

많은 사람이 '어렵다. 힘들다. 해결할 수 없다'라고 할 때, GE는 '세상의 가장 어려운 문제는 우리가 풀겠습니다'라고 하며 다양한 해결책을 모색해왔다.

사람은 평생 살면서 잠재 능력의 10%도 채 사용을 못 한다고 한다. 세상에 힘든 문제가 있으면 당당히 외쳐보자.

"해결 불가능한 문제는 다 내게로 오라! 나의 무한한 잠재능력으로 너의 문제를 모두 해결해주겠노라."

Quantum Leap Tip

  즉각적인 행동은 두 가지 자세에서 나온다. 몸과 마음을 가볍게 만드는 것인데, 어디든 원하는 곳을 나의 몸이 쉽고 가볍게 갈 수 있도록 하는 것이다.

  몸이 무거우면 마음도 함께 무거워진다. 멋진 아이디어가 떠올라도 좀처럼 움직일 수 없다.

  유연한 생각과 즉각적인 실천만큼 이 삶에 중요한 것이 또 어디 있겠는가.

실행과는 머나먼, 너무 긴 준비

케임브리지 대학교는 전통적인 방식으로 학생 인터뷰를 하는 것으로 유명하다. 1차 서류전형을 끝내고 합격자에 한해 인터뷰 요청을 하는데, 문제는 영국에 있는 대학교에 직접 가서 하루 종일 인터뷰를 해야 한다는 것이었다.

아직 한 번도 영국에 가본 적이 없었던 나는 3박 4일 일정으로 아내와 함께 인터뷰 여행길에 올랐다. 보통 인터뷰 후 합격통지는 2~3개월이 걸린다고 했다. 왜 그렇게 시간이 오래 걸리는지 몰랐지만, 아무튼 최종 합격통지를 받기 전까지 마음을 놓을 수 없는 상황이었다.

그런데 최종 합격통지서가 도착하기 전에 내가 운영하던 치과와 집이 먼저 처분되었다. 당황했다. 합격통지서를 받고 나서 하나하나 처분하는 것이 순서라고 생각했다.

'이미 집도, 병원도 없는데 불합격 판정을 받으면 어떻게 하지?'

나는 케임브리지 대학교 입학 담당자와 경영대학원 원장에게 편지를 썼다.

'집도 팔고, 치과도 다 정리해서 내게 남은 건 아무것도 없습니다! 무조건 케임브리지 대학교에서 공부할 거니까 빨리 결과를 알려주십시오. 아니면 지금 당장 영국행 비행기를 타겠습니다.'

2주 후에 답장이 왔다.

'축하합니다. 당신이 케임브리지 대학교를 선택하신 것에 대해 깊은 감사를 드립니다.'

안양대학교 설립자인 김영실 박사는 가난한 청년 시절, 일본 유학을 결심했다. 마음은 이미 가고 싶은 대학이 있는 일본으로 향했지만, 당장 일본으로 건너갈 여비 마련도 막막한 형편이었다. 여비를 도와줄 만큼 경제적으로 여력이 있는 사람은 주위에 단 한 명도 없었다. 일본 유학은 그의 형편에는 무모하고 턱없는 도전이었다. 그러나 뜻이 있는 곳에 길이 있고, 하늘은 스스로 돕는 자를 돕는다고 하지 않았던가?

그러던 어느 날, 그는 우연히 학교 교정에서 배재학당을 설립한 아펜젤러(Appenzeller) 박사의 아들인 교장선생님을 보게 된다. 순간, 그는 교장선생님을 찾아뵙고 의논해보자는 생각이 들었다. 그러나 눈코 뜰 새 없이 바쁜 교장선생님과의 만남은 쉽게 이루어지지 않았다.

어느 날, 그는 귀가 시간에 맞추어 교장선생님 댁을 찾아갔다. 퇴근 시간을 계산한 것이었는데, 어쩐 일인지 교장선생님은 늦도록 귀가하지 않았다. 기다림이 길어질수록 조금씩 자신감도 줄어들었다.

'교장선생님이 과연 내 청을 들어주실까? 이렇게 불쑥 찾아오는 것 자체가 무례한 짓은 아닐까? 만약 일언지하에 거절한다면 앞으로 어떻게 할 것인가?'

드디어 교장선생님이 돌아오셨다. 두근거리는 가슴으로 다가가 인사를 한 뒤, 그는 간략하게 자기소개를 했다. 교장선생님은 집에 들어가서 이야기를 들어보자며 그의 팔을 이끌었다.

그는 떨리는 목소리로 자신이 처한 사정과 희망하는 바를 말씀드렸다. 가정형편이 좋지도 않은데 왜 일본 유학을 결심하게 되었는지, 학비를 직접 벌어 학교에 다닐 생각이며 나중에 한국에 돌아와서 더 큰 사람으로 일하고 싶다는 뜻을 전달했다.

아펜젤러 교장은 순간 당황하는 눈치였지만, 곧 침착함을 되찾았다.

"그래, 내가 김 군을 도울 수 있는 일이 구체적으로 무엇인가?"

"일본으로 건너갈 여비입니다!"

그는 고개를 숙이고 그의 하교를 기다렸다. 아펜젤러 교장은 아무런 조건 없이 그에게 일본에 갈 여비 20원을 마련해주었다.

김영실 박사는 일본 유학을 마치고 돌아와 열심히 일해서 약속대로 대학교를 설립하는 등 우리나라 교육 발전을 위해 노력을 아끼지 않았다.

대부분의 사람들은 자신의 꿈을 이루기 위해서는 무엇인가를 준비해야 한다고 생각하며 시간만 보내다가 정작 그 꿈을 잃기 일쑤다.

'나는 아직 준비가 안 됐잖아! 다음으로 미뤄야지 어쩌겠어!'

목표보다 이런저런 준비 상황에 더 초점을 맞추게 되면서 결정적인 실행 기회를 놓치게 되는 것이다.

다행히 오래전에는 김영실 박사처럼 용기와 끈기를 가진 젊은이들이 우리나라에 많았다. 그들은 열심히 공부하고 열정적으로 일해 우리나라를 발전시켰다. 적극적으로 자신의 꿈을 실현하기 위해 노력하는 사람들이 이 세상을 바꾼다. 다음은 없다고 생각하라. '지금'이 바로 '그때'다.

당신은 어떤가?

Quantum Leap Tip

　살다 보면 미래가 너무 불확실하고 암울하게 느껴질 때가 있다. 우리가 걸어갈 길은 안개가 걷힌 후 모습을 드러내는 산봉우리처럼 더욱 선명하게 우리의 앞날을 눈앞에 펼쳐줄 것이다. 하루하루는 새로움과 불확실성의 연속선상에서 다채로운 모습을 드러내리라.

내 나라는 세계!

1990년대 중반에 나는 환자만 치료하는 의사가 아니라 세계를 치료하는 의사가 되기로 결심했다.

의사는 일반적으로 다음과 같이 나뉜다. 임상을 전문적으로 하는, 즉 개인을 치료하는 의사, 의료정책과 보건행정을 담당해서 지역사회를 치료하는 의사, 그리고 국가 보건정책을 통해 나라를 치료하는 의사, 세계보건기구 등 국제 의료단체에서 일하는 국제 의사가 있다.

한국치과교정연구회 이사장 김일봉 선생은 후학들에게 교훈이 되는 말씀을 하는 자리에서 다음과 같은 이야기를 들려주었다.

"지난 40년간 많은 치과의사들이 치과교정을 배우겠다고 교정연구회의 문을 두드렸다. 그 수가 대략 1,300여 명이 넘는

다. 그중에 어떤 사람들은 1년도 채 안 되어 치과교정에 대해 배울 만큼 배웠다며 미련 없이 떠난다. 그런데 5년, 10년이 지나도 아직 배울 것이 많이 남았다며 열성을 보이는 치과의사들이 있다. 내가 가장 두려워하는 사람이 바로 그들이다. 그 그릇은 너무 깊고 커서 아무리 많은 지식과 경험이 들어가도 만족할 줄 모른다. 반대로 그릇이 작은 사람은 조금만 들어가도 금방 차고 넘치게 되니 담고 싶어도 더 담을 수가 없다. 배울 것이 많이 남아 있는데도 다 배웠다고 생각하고, 이내 자리를 옮기는 사람들은 하나도 무섭지 않다."

사람의 됨됨이와 함께 그 그릇의 크기는 무척이나 중요하다. 부모들은 자신의 자식이 그릇이 큰 사람으로 자라기를 바란다. '그릇이 크다'라는 말은 꿈이 크다는 것이다. 꿈이 큰 사람은 자신을 지킬 줄 안다. 시시한 쾌락에 자신을 맡기지 않고 큰 꿈을 향해 한 걸음, 한 걸음 달려가게 된다. 그렇다고 아무에게나 무조건 큰 꿈을 가지라거나 큰 사람이 되라고 종용할 수는 없는 노릇이다. 큰 사람은 아무나 되는 것이 아니라는 차별적인 생각 때문이 아니라, 각자에게 어울리는 꿈의 크기와 내용이 다를 것이기 때문이다. 가슴에 꿈을 품고 매진한다면 누구나 큰 사람이 될 수 있고, 위대한 사람이 될 수 있으며, 탁월한 사람이 될 수 있다. 모든 것은 생각하기에 달려 있기 때문이다.

큰 사람이 되고 싶어서 노력하면 큰 사람이 될 수 있다. 큰 사람이 되고자 하는 꿈을 가지면 큰 사람이 된다. 생각이 작으면 사람도 작아질 공산이 크다. 여기서 구별해야 할 것은 자신을 낮추며 겸손한 것과 그릇이 작은 것은 다르다는 것이다.

큰 그릇의 사람으로 살아가길 원한다면 어떻게 해야 할까? 우선, 자기 자신에 대한 제대로 된 이해가 필요하다. 대부분 인생의 첫 번째 화두는 '나는 누구인가?' 하는 질문에서 시작된다. 자기 자신이 누구인지 아는 것이다. 초청 강연 중에 가장 많이 듣는 질문 가운데 하나가 바로 '나는 누구인가?'이다.

좀 더 철학적인 대답을 준비하기 이전에 나의 현주소를 생각해보자. 나의 경우, 대치동 동민이자 강남구민, 서울 시민, 나아가 대한민국 국민, 한 걸음 더 나아가 아시아인, 그리고 세계인으로 살아가고 있다. 나는 이렇게 대답할 것이다.

"나는 대한민국에서 태어나 세계인이라오."

"내 나라는 대한민국이 아니라 세계!"

자신을 좁은 울타리에 한정시키지 말고 세상을 바라보면, 분명 더 큰 시야 속에 큰 뜻과 꿈을 품게 될 것이고 더욱 자유로워질 것이다.

'나는 누구인가?'에 이어 '어떻게 살아갈 것인가?' 하는 화두 다음에 오는 것이 '자유'가 아니던가. 누구나 은밀하게 꿈꾸는!

큰 사람도 별것은 아니다. 자신뿐만 아니라 남에게도 유익을 끼치는 자가 바로 큰 사람이 아닐까? 위대한 사람도 마찬가지다. 자신을 살리고 가족을 살리며 이웃을 살리고 세상을 살리는 역할을 감당하면 위대한 사람이 되는 것이다.

누구나 큰 사람이 될 수 있다. 간단하다. 큰 꿈을 가지면 된다. 바른 꿈을 가지면 된다. 자신을 지킬 줄 알면 된다. 꿈은 마음먹기에 달려 있다.

같은 값이면 큰 사람으로 살 수 있도록 큰 꿈을 가슴에 품자. 나의 꿈은 세계를 치료하는 의사다.

Quantum Leap Tip

　진정으로 가슴 뛰는 일, 하고 싶은 일, 살고 싶은 삶이 무엇인지 자신에게 물어보라.

　마음은 조용한 대답을 들려줄 것이다.

　열정적인 삶을 살기 위해서는 자기가 좋아하는 일을 찾아내는 것이 급선무다.

치과의사가 왜 경영학을 공부합니까?

치과대학에 처음 입학해 동문 신입생 환영회에 참석했다. 졸업하고 치과병원을 운영하시는 선배님들이 참석해 입학을 축하하며 여러 가지 좋은 말씀을 해주셨다. 그 자리에서 나는 생각했다.

'앞으로 내가 치과대학을 졸업하면 저 선배님들처럼 저 자리에서 새로 들어온 후배들에게 똑같은 축하와 격려를 해주겠구나!'

나의 이력은 좀 독특하다. 치과의사에서 보건학 박사로, 그러다 늦은 나이에 유학을 떠나 경영학을 공부하고 경영 컨설턴트로, 그리고 의사로 일하면서 또 사회복지과 교수로 학생들을 가르치고 있다.

고정관념이란, 항상 가는 길로만 가려고 하는 것이다.

나는 내가 걸어보지 못한 마음이 가는 길을 걸어보고 싶었다. 나의 이력은 바로 그런 의지의 산물일 것이다.

먼 훗날 내가 가지 않은 길을 바라보는 그리움과 연민의 시선 대신, 나는 새로운 길에 기꺼이 발걸음을 내딛는 선택을 한 것이다. 자신이 원하는 창의적인 삶을 살아가기 위해서는 새로운 아이디어가 요구되고, 그 아이디어가 실행에 옮겨짐으로써 자신이 꿈꾸는 삶이 가능해진다. 때로는 이러한 아이디어 중 하나가 역발상적인 접근을 통해 나타나기도 한다.

대표적인 예로, 스포츠 종목 중 하나인 수영의 경우를 들 수 있다. 기점 반환 시 과거에는 너도나도 손으로 터치하고 돌아오는 것이 고작이었다. 그런데 어느 날, 한 선수가 몸 전체를 한 바퀴 도는 터치 방식으로 수영대회에서 우승한 이후, 선수들은 더 좋은 새로운 반환 방법이 있다는 것을 알게 되었다.

높이뛰기 종목 역시 정면에서 두 발을 높이 들어 장대를 뛰어넘는 방법만 있는 줄 알았다. 하지만 어느 날, 한 선수가 장대를 뒤로하고 몸을 날리면서 높이뛰기 역사의 새로운 장을 열게 되었다.

경영학 석사 과정을 밟기 위해 영국으로 떠났을 때, 나는 많은 사람으로부터 질문을 받았다.

"치과의사가 왜 경영학을 공부합니까?"

"왜 사람들은 미국으로 유학을 가는데 당신은 영국을 택했습니까?"

치과의사가 고장 난 이나 고쳐주면 되지, 난데없이 무슨 경영학 공부냐고 생각하는 사람들이 많았다. 그렇기 때문에 나의 결정은 아주 돌발적이고 비정상적이며 돈키호테 같은 특이한 결정으로 비쳤다.

어느 마을 우물 안에 개구리가 살고 있었다. 개구리는 몇십 년을 그 우물 안에서만 살았다. 개구리는 우물 밖을 나가면 죽을 것으로 생각하고 웅크리고만 있었다.

그런데 어느 날, 누군가가 길어 올린 두레박에 딸려 우물 밖으로 나오게 된다. 개구리는 다시 우물 안으로 뛰어들려고 했다. 그런데 그때, 문득 그의 시선을 붙잡는 것이 있었다.

노래를 부르고 폴짝폴짝 자유롭게 뛰어다니는 다른 개구리들이었다. 거기엔 푸른빛 호수와 풀밭이 그림처럼 펼쳐져 있었다. 먹을 것이 지천인 그곳에서 다른 개구리들은 자유로운 생을 마음껏 구가하고 있었던 것이다.

'아, 내가 얼마나 어리석었던가!'

개구리는 뒤늦게 탄식했다.

나 또한 좁은 우물 속 세상이 나의 전부라고 생각했던 적이 있었다. 그런데 세상은 그게 아니었다. 생각지도 못한 넓은 풀밭과 호수가 끝없이 펼쳐져 있었다.

유학생활을 마치고 돌아온 지 어언 10여 년이 지났다. 지금 우리 의료계는 병원경영과 의료정책, 그리고 의료산업의 세계화와 함께 올바른 경영 마인드와 철학을 가지고, 이러한 일을 잘 수행해나갈 수 있는 전문가를 필요로 하고 있다.

그 중심에서 역량을 펼칠 수 있는 기회가 내게 주어진 것은 필연적인 일이다. 10여 년 전, 나는 새로운 선택으로 나의 미래를 준비했기 때문이다. 10년 후, 우리 사회뿐만 아니라 세계가 가장 필요로 하는 인재는 어떤 사람일까? 내가 그 주인이 되기 위해서는 지금 무엇을 해야 할 것인가?

자신에 대한, 미래에 대한 고정관념에서 벗어나 다가올 미래를 준비하는 지혜가 필요하다.

Quantum Leap Tip

　사람들은 살다가 생각지도 않은 문제나 시련을 만나면 의기 소침하고 부정적인 생각으로 기울기 쉽다. 그러나 시련은 변장한 축복이라는 말이 있지 않은가. 살면서 마주치는 수많은 벽은 우리를 더욱 아름답게 만들어갈 새로운 등불이 되는 것이다.

파리의 한낱
무용한 노력

어려움에 빠졌을 때 사람들은 어떻게 대처하는가?

사람들은 일이 잘 풀리지 않을 때도 충분한 시간을 들여 노력하면 좋은 결과가 나올 것이라는 기대를 버리지 않는다. 그리고 죽도록 열심히 하지 않았던 자기 자신을 반성하며 똑같은 노력을 되풀이한다.

볼일이 있어 집을 나섰던 어느 날, 나는 운전대 앞에서 깊은 생각에 빠졌다.

'어려움에 빠졌을 때 우리는 어떻게 대처하는가?'

생각거리를 제공한 것은 파리 한 마리였다.

차에 올라 시동을 걸었을 때 불청객을 발견했다. 다름 아닌 파리였다. 차를 출발시키기 전에 파리를 밖으로 내보내려고 양

쪽 창문을 활짝 열었다. 양손을 크게 휘저어 밖으로 내보내려고 유도했지만, 소용이 없었다. 파리는 앞 유리창을 향해 이리저리 돌진하면서 죽을힘을 다해 밖으로 나가려고 애썼다. 그러나 제아무리 노력해도 열려 있지 않은 앞 유리창을 뚫고 나갈 수는 없는 법이었다.

나는 며칠 밤을 새우더라도 절대 열리지 않을 앞 유리창을 향한 파리의 무용한 노력이 안타까웠다. 열린 옆 창문으로 안내하는 내 손과 몸짓을 따라 살짝 옮겨오기만 하더라도 바깥세상을 향해 날아갈 수 있는데, 파리는 어쩌자고 아무 소용없는 자신만의 탈출 노력을 계속했다. 문득 '절대자가 있어 인간을 본다면, 아마 파리의 저 무용한 노력과 인간의 그것이 같아 보이지 않을까!' 하는 데 생각이 미쳤다.

'한 우물을 파라'나 '열 번 찍어 안 넘어가는 나무 없다'라는 속담을 지나치게 신봉하는 사람들은, 죽도록 열심히 노력하면 원하는 성과를 얻을 수 있지 않을까 막연하게 기대한다. 그러나 현실은 어떤가. 수없이 많은 시도와 노력에도 불구하고 원하는 결과에 도달할 수 없어 절망에 빠진 사람들을 심심치 않게 목격한다.

가장 큰 이유 중 하나는 올바른 방향과 방법을 설정하지 못했기 때문이다. 방향성 이전에 더욱 중요한 것은 살면서 자기도

점프 - 꿈을 향해 폭발적으로 도약하는 기술

모르게 구축한 틀과 고정관념을 탈피하고 새로운 미래를 향해 정진할 수 있는 혜안과 용기다. 그런 후, 비로소 구체적인 목표를 정하고 지속적인 노력을 기울이는 것이다.

우리에게 필요한 것은 열심히 무조건 달려가는 것보다, 한 차원 다른 시각으로 미래를 바라보고 자신의 목표를 적절히 설정하는 일이다. 그 남다른 목표가 무엇인지 나 자신에게, 또 마음속과 현실 속의 스승들에게 길을 물어보자.

Quantum Leap Tip

'이 정도면 됐어', '내가 과연 할 수 있을까?'

마음속에서 들려오는 목소리는 자꾸만 앞으로 나아가려는 발목을 잡는다.

'자기 조절 프로그램'을 활용하는 것도 좋다. 긍정적으로 말하고 성공을 시각화하며 감정을 이입하고 편안하게 긴장을 풀어보는 것이다.

작곡가 베르디와 피터 드러커

영국 맨체스터 대학교에서 공부하고 돌아온 후배가 어느 날, 나에게 이렇게 말했다.

"형, 이왕 무엇을 하겠다고 생각했으면 최고에 도전하세요! 유학을 갈 거면 최고 명문대학교, 직장이면 최고의 기업, 가족이면 최고의 가문에 도전하세요. 어차피 한 번뿐인 인생이잖아요."

미국 유학을 마치고 돌아온 한 선배도 내게 그런 말을 했다.

"최고와 맞장 떠라! 승부를 걸어라. 나를 주목하게 만들어라."

나는 생각했다.

'내가 지금 이대로 머물러 있어야 할 이유가 뭐지? 나는 아직 도전도 한번 제대로 해보지 않았잖아. 해보지도 않고 무엇

을 걱정하고 있는 거지?'

당신은 무엇을 추구하는가? 만약 추구하는 것이 없다면 당신은 지금 무엇에 그토록 만족해서 안주하고 있는가? 그것은 체념인가, 자포자기인가? 지금 우리에게 필요한 것은 성장인가, 안주인가?

나의 선배와 후배처럼 자신 있게 외쳐본다.

"항상 엑셀런스(Excellence)를 추구하라!"

내가 경영학을 공부하게 된 계기 중 하나로 피터 드러커(Peter Ferdinand Drucker)와 관련된 일화가 있다. 알다시피 그는 20세기의 탁월한 교육자이자 최고의 경영가로 지금까지도 큰 영향력을 발휘하고 있다. 2005년 95세로 사망하기까지 그를 이끌었던 정신적인 스승은 이탈리아의 작곡가 베르디(Giuseppe Verdi)였다. 피터 드러커는 음악의 도시 오스트리아 빈에서 태어나고 자라 어려서부터 오페라를 접할 기회가 많았다. 학생들에게는 오페라 무료 관람이 허용되었기에 그는 많은 시간을 오페라를 감상하는 데 할애했다.

18세 되던 해, 그는 19세기가 낳은 위대한 작곡가 주세페 베르디의 오페라를 처음 관람했다. 베르디 생애 마지막 작품인

점프 - 꿈을 향해 폭발적으로 도약하는 기술

오페라 〈팔스타프(Falstaff)〉로 지금은 베르디 작품 가운데 최고 중의 하나로 평가받고 있지만, 그 당시에는 너무 어렵다는 중론이었다.

그 오페라를 감상하며 18세의 청년 피터 드러커는 너무나 큰 충격을 받았다. 음악은 경쾌하고 열정에 넘치다 못해 펄펄 살아 있었다. 더욱 놀라운 것은 베르디가 그 생명력 넘치는 음악을 작곡했을 때의 나이가 80세였다는 사실이다. 80세의 작곡가에게 사람들은 물었다.

"이미 훌륭한 음악가로 명성을 구축하셨는데, 또 이 어려운 오페라 곡을 작곡하셨습니까?"

베르디는 이렇게 대답했다고 전한다.

"나는 음악가로 살아오면서 늘 완벽하게 작곡하려고 애썼지만, 작품이 완성될 때마다 아쉬움이 남았지요. 그렇기 때문에 한 번 더 도전해봐야 할 의무가 있다고 생각했습니다. 지금, 이 순간도 결코 끝은 아닙니다. 완벽을 향한 나의 노력은 아직 끝나지 않았습니다."

피터 드러커는 그의 음악과 말에 충격을 받았다. 그때의 상황을 그는 이렇게 말했다.

"베르디는 18세 때 이미 빼어난 음악가였지만, 나는 그 나이에 앞으로 뭘 하게 될지 짐작조차 할 수 없는 미래가 불투명한 청년이었어요. 30대 초반이 되어서야 나는 나의 갈 길을 정할 수 있었습니다. '내가 잘할 수 있는 일을 드디어 찾았던 것이지' 나는 베르디의 그 말을 나의 평생 지침으로 삼기로 마음먹었습니다. 아무리 나이가 들어도 절대 포기하지 않고 앞으로 계속 전진하기로 결심했지요. 물론 완벽을 추구하기 위해 노력하는 것도 포함됩니다."

살다 보면 '이 정도면 됐어!'라는 생각이 들 때가 더러 있다. 만족과 겸손의 철학은 좋지만 일생 동안 끊임없이 더 완벽하고 높은 꿈을 지향한 주세페 베르디와 피터 드러커를 기억하자. 꿈은 선택요건이 아니라 영원히 우리 가슴속에서 살아 숨쉬어야 할 필수요건이다.

점프 - 꿈을 향해 폭발적으로 도약하는 기술

Quantum Leap Tip

　성공을 향해 한 걸음, 한 걸음 걸어가는 중에도 우리는 생각지도 못한 여러 가지 문제나 시련과 맞닥뜨리게 된다. 복병은 여러 곳에 숨어 있다.

　아무런 문제 없이 단 한 번에 성공하기는 어렵다. 그러니 나의 실패와 나란히 도란도란 이야기라도 나누며 걷는 것은 어떨까.

사건 현장의 수사관처럼

   치과의사가 앞으로 경영학을 공부하겠다니, 그것이 어떤 의미를 가지는지 의아한 동료 의사와 친구들이 많았다. 나는 좋은 일을 하다 보면 더 좋은 결과를 얻을 수 있다는 확신 속에서 구체적인 방법을 하나하나 찾기 시작했다. 먼저 경영대학원 입학 시험인 GMAT 테스트를 거쳐야 했다. 수소문 끝에 GMAT 시험을 준비하는 서울대학교 부근 스터디 그룹을 찾게 되었다. 그렇게 해서 7~8명 남짓 되는 스터디 동료이자 직장인 유학 준비생들의 도움으로 시험에 응시할 수 있었다.

   우리 스터디 그룹 친구들은 대부분 좋은 성적으로 미국과 일본, 그리고 영국에 있는 경영대학원에 붙었다. 당시 공중보건의였던 나는 1998년, 군복무를 모두 마친 후 경영대학원 진학을 생각하고 있었다. 3년 전에 경영대학원에 입학했던 스터디 그룹 사람들이 공부를 마치고 속속 귀국했다. 귀국 환영회 자리에서 이들은 이구동성으로 내게 유학을 권유했고, 이왕이면 최고의 대학을 지원하라고 나를 설득했다.

사실 나는 내가 공부를 잘할 수 있을까 하는 의심과 세계 유수의 대학에서 나를 받아줄까 하는 부정적인 생각을 마음 한 구석에 가지고 있었다. 영국에서 경영학 석사를 마치고 온 한 친구가 내게 케임브리지 대학교를 강력히 추천했다. 나는 미국도 아닌, 영국의 대학교에서 공부한다는 것이 생소하게 느껴져 망설였다.

그러던 어느 날이었다. 미국 스탠퍼드 대학교에서 건축공학을 공부하고 돌아온 선배를 만났다. 그는 내 능력으로는 충분하다면서 원한다면 추천서를 써주겠다고 했다. 그의 칭찬과 격려에 고무된 나는 케임브리지 대학교 교수들과의 인터뷰 현장에서 앞으로 반드시 이 대학이 자랑할 만한 훌륭한 인재가 되겠다는 확신을 내보였다. 그리고 그 결과는 '합격'이라는 통보로 날아들었다.

만약 그 선배가 내 잠재력을 믿어주고 끌어주지 않았다면, 나는 끝까지 결심한 것을 수행할 수 있었을까? 그리고 내가 그의 말을 믿지 않았다면 오늘날의 결과가 가능했을까?

나의 잠재력을 믿는 순간, 평소와는 다른 내가 되는 것을 느낄 수 있었다. 다른 사람 앞에서 당당하게 나의 소신을 드러낼 수 있었고, 유학 기간 동안 나의 잠재력은 생각지도 못한 곳에서 나타나 주변 사람들보다 나를 먼저 놀라게 했다.

'빙산의 일각'이라는 말이 있다. 빙산은 바닷물이 얼어서 일정한 모양으로 형태가 잡힌 고체 상태로, 물이 얼면 고체가 되고 부피가 증가하며 비중은 감소한다. 바닷물의 비중은 1.025로, 빙산의 무게에 해당하는 바닷물의 부피만큼 물에 잠기고 그 부피만 한 물의 무게만큼 부력을 받기 때문에 빙산이 물 위에 떠 있게 된다. 그래서 빙산의 90%는 물에 잠기고 10%만 수면 위에 떠 있게 되는 것이다.

인간의 능력은 바로 이 빙산의 일각과 같다. 사람의 능력은 빙산과 같이 대부분 수면 아래에 잠겨 있다. 대부분의 사람은 겉으로 보이는 모습과 능력으로 자신과 타인을 규정하고, 마치 그것이 전부인 양 생각하고 행동한다. 사람들은 대부분 예기치 못한 어떤 상황을 만나면 해보지도 않고 포기하거나 한두 번 시도해보고 체념하는 경향이 있다. 스스로가 규정한 능력 안에서 모든 의사결정이 진행되는 것이다.

적극적으로 자신의 잠재력을 수면 위로 끌어올리는 사람들이 있다. 그들을 보고 주변 사람들은 능력이 많다고 부러워한다. 자신의 잠재력은 관심도 갖지 않고 방치해두면서 말이다. 그는 누구나 가지고 있는 잠재력을 수면 위로 끌어올려 보여주었을 뿐이다.

그렇다면, 수면 밑에 감추어진 잠재력을 끌어낼 방법은 없을까?

첫째, 나에게 무한한 잠재력과 가능성이 있다고 믿는 것이다. 아울러 다른 사람의 잠재력 또한 믿어준다.

둘째, 훈련을 하는 것이다. 끌어내는 것도 훈련이다. 독서를 하거나 그런 능력을 가진 다른 사람의 도움을 받아서라도 틈틈이 숨은 힘을 끌어내는 훈련을 한다.

셋째, 일반적으로 불가능해 보이는 문제를 주고 두뇌를 풀(Full) 가동시켜 잠재력을 깨우는 방법이다.

넷째, 장시간 한 가지에 집중하고 반복하는 힘을 평소 길러냄으로써 잠재력을 끌어낸다.

다섯째, 사건 현장의 열혈 수사관처럼 결정적인 단서가 나올 때까지 끝까지 포기하지 않고 행동한다.

Quantum Leap Tip

  기적은 바로 내 앞에 있으며 도처에 널려 있다. 성공을 향해 가는 과정 중에 보면 예상 밖의 일들이 많아 어떤 때는 모든 것이 실패인 것으로 보여질 때도 있다.

  그러나 우리가 보지 못하는 기적이 주변에 널려 있는 것처럼, 실패로 보이는 그 결과들이 모여 성공으로 이끄는 징검다리가 되어준다.

폭발적인 성공은 누구나 가능하다

영국에는 유난히 '세계 최초'라는 수식어가 붙은 것들이 많다. 골프, 테니스, 축구, 럭비 등 많은 스포츠가 영국에서 출발했고, 노벨상 수상자가 많이 배출된 곳도 옥스퍼드와 케임브리지 대학이다. 이 밖에도 각 분야에서 '세계 최초'의 이름에 걸맞은 많은 기술과 상품이 개발되었다.

2006년 봄, 우리 가족은 영국대사관에서 취업비자 '워크퍼밋(Work Permit)'을 받았다. 내가 제출한 사업계획서에는 영국 옥스퍼드 대학교에서 '근거중심의학'이라는 새로운 학문을 공부하면서 이 학문을 앞으로 세계에 널리 알리는 일을 하겠다는 포부도 들어 있었다. '근거중심의학'이란, 세계가 정보화 시대로 접어들면서 새로운 분야가 많이 생겼는데, 한마디로 미래 의학의 새로운 기틀을 마련하는 기초의학이자 임상의학이다.

'근거중심의학' 역시 영국 옥스퍼드 대학교에서 정규 교육 프로그램으로 처음 개발되었고, 그렇게 되기까지 10년 이상의 세월이 소요되었다. 미래의학의 새로운 패러다임을 이끌어갈 중요한 키워드를 영국에서 또 하나 만들어낸 것이다. '세계 최초'라는 수식어가 붙을 때마다 영국의 위상은 폭발적으로 높아졌고, 그로 인한 경제적인 이득 또한 상상할 수 없을 정도였다.

'폭발'은 사전의 의미를 빌리자면, 급속히 진행되는 화학반응에서 반응에 관여하는 물체가 급격히 또한 현저하게 그 용적을 증가하는 반응이다. 쉽게 이야기하면 에너지의 부피가 극적으로, 또 갑작스럽게 증가하면서 방출하는 것을 말하며, 주로 높은 온도를 일으키며 어마어마한 기체를 발생시킨다.

폭발은 첫째, 상상할 수 없을 정도의 에너지 축적이 있어야 가능하다. 둘째, 에너지 축적은 마지막 순간 더 이상 공간이 없을 때까지 이루어져야 한다. 셋째, 축적된 에너지는 세상을 향해 사방으로 퍼져가야 한다. 마지막으로, 사방으로 퍼진 에너지가 변혁을 유도한다.

당신은 성공을 향해 폭발할 에너지를 비축하고 있는가?
당신의 에너지는 더 이상 공간이 없을 때까지 지속해서 유입

되고 있는가?

세상을 변혁시킬 당신의 에너지는 무엇인가?

폭발 가능한 좋은 재료들은 새로운 곳에 많이 있다. 중요한 것은, 두드리는 자에게 문이 열리고 찾아 헤매는 자가 찾는다는 것이다.

Quantum Leap Tip

미국의 신학자이자 목사인 로버트 슐러(Robert Schuller)
는 "성공을 확신하는 것이 성공에의 첫걸음"이라고 말했다.
당신의 꿈과 목표가 현실이 되기를 원하는가? 그렇다면
지금 당장 확신 속에서 그 목표에 마감 시간을 정해보라.
시간이 부족하다는 압박감 속에서 짧은 시간에 집중해서
하는 공부와 일이 놀라운 성과를 올리기도 한다.

삶은,
대나무와 같다

영동고속도로 위를 달리다가 큰 사고를 당한 나는 급속도로 인생에 대한 고민에 빠져들었다.

그해 여름, 나는 원주의 한 작은 교회 목사님을 만나 많은 이야기를 나누었다. 왜 태어났는지, 어떻게 살 것인지, 무엇을 해야 하는지, 무엇을 준비해야 하는지, 생각하고 또 대화하는 시간을 가졌다.

3년의 세월이 흘렀다. 함께 치과대학을 졸업한 동기들은 하나둘 취업해 자신의 자리를 잡아나갔고, 빠르게 의료현장에서 주목받기 시작하는 동기들도 있었다. 그들과 비교할 때 나는 시골에 파묻혀 그냥 그렇게 무의미하게 시간만 흘려보내고 있는 한량에 가까웠다.

그러나 그 3년은 나에게 꼭 필요한 인생의 전환점이었다. 나 자신을 사랑하고, 다른 사람들로 사랑을 넓혀나가고, 피부색이나 국적과 상관없이 모든 사람에게 꼭 필요한 존재가 되기 위해 자신을 숙성시켜나가는 소중한 시간이었다.

대나무는 1년 동안에 평생의 성장을 모두 마치는 특이한 식물이다. 사람들은 대나무를 놓고, 풀이냐 나무냐 설전을 벌이기도 한다. 식물학자들은 대나무를 풀로 분류하고, 수목학자들은 나무로 분류한다. 식물학자들이 대나무를 풀로 분류하는 이유는 1년 동안 성장을 모두 마친다는 점과 대나무는 형성층이 없어 비대생장을 하지 못한다는 점을 들고 있다.

수목학자들은 대나무가 비록 비대생장을 하지 못하고 1년에 성장을 모두 마친다고 하더라도 줄기가 목질화되어 있고 여러 해를 생존하는 식물이므로 나무라는 주장을 펼친다. 어쨌거나 대나무는 많이 자라는 날은 10cm가 아니라 최고 90cm까지 자라는 것으로 알려져 있다.

우스꽝스러운 옛이야기가 있다. 어떤 스님이 길을 가다가 갑자기 용변이 보고 싶어 대나무밭에 들어가 삿갓을 벗어놓고 볼일을 봤다. 그런데 일이 끝난 후 삿갓을 찾으니 삿갓이 감쪽같이 사라졌다. 당황한 스님은 삿갓을 찾아 두리번거렸지만, 찾

　점프 - 꿈을 향해 폭발적으로 도약하는 기술

을 수가 없었다. 그런데 무심코 하늘을 바라보니 삿갓이 저 위 대나무 꼭대기에 걸려 있었던 것이다. 누군가가 웃자고 과장해서 만들어낸 말이기는 하지만, 대나무는 그만큼 순식간에 빨리 자란다는 말이다.

신기하게도 대나무는 마디 생장을 한다. 마디와 마디 사이에 생장점이 있어서 마디 사이가 자라 1년이면 다 자란다. 중국 대나무는 독특한 성장 유형을 보인다. 대나무 싹을 땅에 심으면 4~5년, 때로는 그 이상도 아무런 변화가 없이 그대로다. 물을 주고 거름을 주고, 또 물을 주고 거름을 주고, 계속 물을 주고 거름을 주어도 어떤 조그만 변화도 없다.

그렇다고 해서 물이나 거름 주기를 멈춘다면, 대나무는 흙 안에서 죽어버린다. 그런데 대개 5년쯤 되면 극적인 변화가 일어난다. 6주 만에 20~30m가 자라기도 한다. 어느 대나무과 식물은 하루 만에 90cm나 자란다고 한다. 수년 동안 아무런 변화가 없던 식물이 갑자기 폭발적으로 성장한다는 것이 믿기지 않지만, 중국 대나무의 성장 과정에서 이런 일은 자주 일어난다.

대나무가 그렇게 자라기까지 걸린 시간은 6주가 아니라 사실은 5년인 것이다. 사람의 눈에는 아무것도 보이지 않지만, 대나무는 성장할 준비를 하고 있었고, 어느 순간 폭발적으로 성장하는 것이다. 믿음과 희망을 가지고 오랜 시간 물과 거름을 꾸준히 준다면 엄청난 성장으로 보답한다.

우리의 삶은 대나무와 같다. 살다 보면 아무리 노력해도 끝이 보이지 않는 터널을 통과하는 것 같은 정체기도 있다. 그러나 보이지 않는다고 해서 물과 거름 주는 것을 포기하게 된다면 비약적인 성장의 시기는 영원히 기대할 수 없다.

자, 어떻게 할 것인가? 지금 당장 가시적인 성과가 보이지 않는다고 해서 멈춰서겠는가, 아니면 폭발적인 도약이 현실로 나타날 때까지 물과 거름을 계속 주겠는가?

점프 - 꿈을 향해 폭발적으로 도약하는 기술

Quantum Leap Tip

우리가 도전에 기꺼이 몸을 맡긴다면 도전은 답례로 우리에게 새로운 길을 보여줄 것이다. 그리고 경험해보지 못한 멋진 길로 우리를 안내할 것이다.

담대하게 두려움 없이 마주하는 것이 중요하다. 가보지 않은 길 위에 첫 발걸음을 내딛는 것만으로도 도전은 성공한 것이나 마찬가지다.

2장

살아 있음이
바로 희망

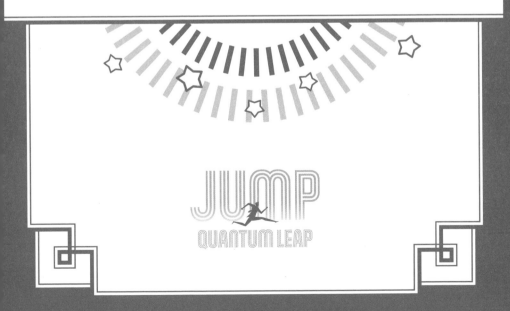

폭발적인
지름길이 있다

최단 시간에 성공하기 위해서는 다음과 같은 세 가지 조건이 있다. 첫 번째는 명확한 비전과 전략을 갖는 것이다. 두 번째는 그 비전과 전략을 확실히 실행할 수 있는 능력을 갖는 것이다. 세 번째는 비전과 전략을 완성할 사람들을 모으는 것이다. 이 세 가지 요소에 따라 개인이나 기업의 운명이 좌우된다. 비전-실행-인재가 트라이앵글로 조화를 이루어야 개인이든 기업이든 발전할 수 있다.

개인에게 특히 제일 먼저 요구되는 조건은 외국어(특히 영어) 구사 능력이다. 세계화 시대에 다인종 다문화 환경에서 일할 수 있는 능력의 기초는 영어다. 세계 어디에서라도 자신의 역량을 펼쳐 보이려면 언어 능력은 필수다. 그리고 다양한 문화를 존중하는 방법을 익혀야 한다. 미래의 리더에게는 다양한 문화적 배경을 지닌 사람들을 이해하고 소통하며 효과적으로 일할 수 있는 경험과 훈련이 요구된다.

자신의 국적을 넘어 국제화 마인드를 가진 차세대 리더는 폭넓은 시각으로 지구촌 곳곳에서 벌어지는 이슈에 관심을 가지고 각각의 문제를 한국과 다른 나라의 관점, 그리고 전 세계적인 관점으로 바라보는 훈련을 쌓아야 한다. 이러한 과정을 통해 미래의 새로운 도약을 이루어낼 밑거름이 마련되며 최단 시간에 원하는 목표에 도달할 수 있게 되는 것이다.

전 소니 회장 이데이 노부유키(出井伸之)는 창립 이래 최대의 실적을 올려 소니로 하여금 '가전 왕국'의 명성을 얻게 한 대표 경영자다. 그는 47년간 몸담았던 소니를 떠나 '중국의 구글(Google)'로 불리는 인터넷 검색기업 바이두(百度)의 사외이사를 맡으면서 다시 한번 언론의 주목을 받았다. 도쿄역 앞에 그가 세운 컨설팅 회사 이름이 퀀텀 리프(Quantum Leaps)다. '퀀텀 리프'를 설립한 목적 중 하나는 차세대 벤처기업을 육성하기 위한 것이다.

퀀텀 리프는 말 그대로 폭발적인 도약을 말한다. 폭발적인 도약에 필요한 조건은 충분한 에너지 축적, 그리고 적절한 환경이 만들어질 때까지의 인내, 그리고 정확한 타이밍에 맞추어 에너지를 발현하는 것의 세 가지다.

그러한 도약은 곤충이 번데기로부터 허물을 벗어 완전히 탈바꿈하는 것 같은 메타모포시스(Metamorphosis : 곤충의 변태)에 비유할 수 있을 것이다. 몇 날 며칠을 기어도 겨우 몇 m밖에 가지 못하는 애벌레가 10km, 20km를 갈 수 있기 위해서는 '나비'로 변해야 하는 이치다. 애벌레가 나비로 완전히 변신하는 순간, 조금 전까지 그에게는 불가능한 미래였던 것이 현실로 실현된다.

새로운 나, 새로운 조직, 새로운 기업, 그리고 새로운 국가는 퀀텀 리프를 통해 만들어진다. 도약은 물론 어느 날 갑자기 아무에게나 제멋대로 찾아오는 것이 아니라 오랜 시간 원하고 기다리던 사람에게 찾아오는 놀라운 삶의 체험이다.

Quantum Leap Tip

삶은 일회성이다. 일회전으로 끝나는 짧은 경기다. 인생에 리허설은 없다. 예고편도 없다. 오직 본경기만 있을 뿐이다.

아무리 부럽고 좋아 보인다고 한들 절대로 나는 다른 사람의 인생을 살 수 없으며 다른 사람들 또한 그러하다. 다른 이의 인생을 흉내 낼 필요도 없고 모방할 수도 없다.

그렇기에 더더욱 삶을 나답게 성공적으로 이끄는 지혜와 전략이 필요하다.

깨달음이란
이곳에서 저곳으로 나무를 옮기는 것

'사람이 거듭나야 하나님의 나라에 들어갈 수 있다'라고 《성경》은 말한다.

'거듭난다'는 것은 자아가 완전히 깨어지고 새로운 자신으로 변모하는 것을 의미한다.

사람이 다시 태어난다는 것은 세상에 나오기 전, 엄마 배 속에서 완전하고 완벽하게 보호받는 상태가 영혼의 깨달음으로 다시금 얻어지는 것을 말한다. 그래서 오감으로 느껴지는 세계에서 영감으로 살아가는 모습으로 변화될 때, 비로소 하늘나라를 경험하는 것이다.

어떤 제자가 스승에게 물었다.

"스승님, 깨달음이란 무엇입니까?"

나무를 심고 있던 스승은 이렇게 대답했다.

"깨달음이란 이 나무를 이곳에서 더 좋은 곳으로 옮겨 심는 것이다. 그리고 날마다 이 나무에 물을 주고 거름을 주는 것이다. 그러다 보면 나무는 차츰차츰 성장하겠지. 깨달음도 이와 똑같은 이치다."

우리는 평소 고정관념이라는 스스로 만든, 혹은 경험 속에서 자신도 모르게 구축한 틀 속에서 살아가게 된다. 그런데 그 고정관념은 쉽사리 무너지지 않고 일생 동안 우리의 삶을 제한한다.

'나는 부자인가?'
'나는 현명한가?'
'나는 행복한가?'
'나는 자유로운가?'

여러 가지 물음을 자신에게 던져보라. 물음에 대한 답을 찾다 보면 내가 어떤 틀 속에서 살아가고 있는지 알 수 있을 것이다.

우리는 가끔 너무 먼 곳을 바라보거나 바라보지 말아야 할 곳에 시선을 빼앗겨 어려움을 겪기도 한다. 살면서 자신도 모르게 구축된 고정관념은 우리로 하여금 다양한 기회를 빼앗고 한 단계 더 높은 삶으로 나아갈 수 있는 기회를 차단한다. 그렇다면 이러한 고정관념의 틀을 깨고 나올 수 있는 방법은 없을까?

점프 - 꿈을 향해 폭발적으로 도약하는 기술

나무를 심고 있던 스승의 가르침을 다시 한번 생각해보자. 나무에 물을 준다는 것은 생각을 주의 깊게 나 자신에게로 향하게 해서 본래의 나, 무한한 나, 최고의 나로 돌아가게 하는 것을 의미한다. 관심과 주의력은 먼 곳에서 점차 가장 가까운 나 자신에게 돌아오게 되면서 무조건적인 고정관념의 틀을 하나둘 벗게 된다.

마침내 우리는 고정관념이 구축되기 전의 자유로운 몸과 마음을 회복할 수 있다. 우리를 속박하는 고정관념도, 마음을 괴롭히는 비교와 질투도 사라진다. 자유로움을 되찾는다. 퀀텀 리프라는 폭발적인 도약은 영혼의 깨달음 속에 진정한 변혁이 일어날 때, 대대적인 지각변동이 생긴다. 모든 것이 변할 것이다. 영원히 빠져나오지 못할 것 같은 고정관념의 틀도 가볍게 뛰어넘게 되는 것이다.

다시 한번 다음의 질문들을 자신에게 던져보라.

'나는 부자인가?'
'나는 현명한가?'
'나는 행복한가?'
'나는 자유로운가?'

Quantum Leap Tip

구멍가게에서 시작한 샘 월튼(Samuel Moore Walton)의 성공신화는 생각을 즉시 행동으로 옮기는 데서 시작되었다. 직접 뛰어다니며 상품을 남보다 싸게 파는 그의 영업 전략은 큰 호응을 얻을 수밖에 없었다. 이윤은 적지만 많은 물건을 팔면 수입은 당연히 늘어나는 것이다.

얼마나 간단한 이치인가?

나만의 아이디어로
행동하라

요즘 많이 달라지기는 했지만 오래전에는 '유학' 하면 미국 유학을 떠올리는 것이 일반적이었다. 나 역시 내 동기나 지인들과 마찬가지로 유학을 결심했을 때 미국의 대학들을 염두에 두고 있었다.

어느 날, 영국에서 공부를 하고 돌아온 후배가 나를 설득했다.

"왜 미국만을 고집하십니까? 유럽에도 좋은 학교들이 많이 있고, 더구나 영국은 역사와 전통이 오랜 세계 유수의 대학들이 있습니다. 그쪽도 한번 고려해보세요."

나는 깜짝 놀랐다. 아무 생각 없이 나는 미국만 바라보고 있었던 것이다. 미처 몰라서 그렇지, 이런 식의 생각과 결정들이 우리 인생에는 얼마나 많은가? 대부분은 그런 사실조차 자각하지 못하고 자신의 선택을 운명적인 것이라 생각한다.

미국으로만 향했던 시각이 프랑스 인사이드 경영대학교, 스위스 IMD 경영대학원, 영국 런던 경영대학원 등 여러 대학교로 나뉘었다. 그러던 중 보건의료정책에 큰 영향력을 가진 영국 케임브리지 대학교가 눈에 띄었고, 경영대학원 프로그램도 나에게 꼭 필요한 내용으로 구성된 것을 알게 되었다. 나는 마침내 케임브리지 대학교 동문이 되었다.

사람들은 보통 밑바닥부터 시작해 한 걸음, 한걸음 올라가는 것이 미덕이고 정석이라고 생각하는 경향이 있다. 그것도 일종의 고정관념이다. 그래서 무엇을 처음 시작하거나 도전할 때 기초부터 하나둘 시작하려고 한다. 물론 그 방법이 틀린 것은 아니다. 하지만 너무 많은 노력을 기울이는 쪽을 선택하다 보면 초반에 필요 없는 에너지를 쏟아붓다가 목표에 너무 늦게 도달하거나 중도에 포기하게 되는 것이 문제다.

수학 문제를 풀 때 기본공식을 활용하면 쉽게 답을 얻을 수 있는데 공식 없이 의욕만 가지고 출발한다면 답을 얻기까지 시간이 많이 걸리는 것은 물론, 오답을 얻을 가능성 또한 높아진다. 그러므로 내가 원하는 것을 정확하게 아는 것이 삶의 기본공식이라고 할 수 있을 것이다.

존 레논(John Lennon)은 비틀즈가 해산된 뒤 〈이매진(Imagine)〉이라는 곡을 발표해서 공전의 히트를 기록했다. 이 곡은 그가 숙소인 힐튼 호텔에 머물다가 비행기를 타고 다른 곳으로 이동하던 중 갑자기 떠오른 악상을 옮긴 작품으로 알려져 있다. 존 레논은 떠오른 악상을 급히 메모지에 옮겼고, 이것이 불멸의 히트곡을 낳았다.

만약 존 레논이 작곡을 위해 악기와 악보를 준비하고, 작업실에 앉아 '자, 이제부터 멋진 곡을 작곡하는 거야!'라고 생각했다면, 그와 같은 불후의 명곡이 나왔을까?

물론 그럴 수도 있었겠지만 〈이매진〉은 아니었을 것이다.

GE 신화를 창조한 잭 웰치나 이탈리아의 화가 레오나르도 다빈치(Leonardo da Vinci), 미국 링컨(Abraham Lincoln) 대통령 등에게도 이와 같은 공통점이 있다. 그들은 모두 형식과 기본적인 준비, 그리고 단계적인 방법을 뛰어넘는 새로운 접근과 창의적인 방법으로 색다른 시도를 했다는 점이다. 그 결과는 폭발적인 도약으로 나타났다.

유명인들의 이름이 나왔지만, 사실 그렇게 거창한 이야기가 아니다. 작고 사소한 일이라도 형식에 치우치지 말고 본질에 먼저 다가가자는 말이다. 모든 것은 그것으로부터 출발하고 완성된다.

아이디어는 누구나 떠올릴 수 있지만, 그것을 자기 것으로 완벽하게 만드는 사람은 드물다. 실행 과정 중 준비단계에서 흔적도 없이 사라지기도 한다.

중요한 것은 좋은 아이디어를 형식에 상관없이 바로 적용해서 실행할 수 있는 용기다. 성실만을 내세워 단순하고 구태의연한 방법으로 아이디어를 실행하거나 문제를 해결하고자 하는 노력은 안전한 것 같으나 효과적이지 못하다. 나만의 새로운 접근 방식과 노력이 필요하다.

Quantum Leap Tip

　직관의 소리는 자신의 경험과 논리를 접어놓은 상태에서 가만히 귀 기울일 때, 비로소 들을 수 있다. 마음을 활짝 열고 귀를 기울이면 꽃이 피는 소리나 밤하늘 별의 속삭임이 귓가에 스며들어 온다. 이성보다는 감성의 흐느낌이다.
　살다 보면 직관의 소리는 다양한 방법을 뛰어넘어 원하는 결과에 이르는 지름길임을 알게 된다.

아주 작은 것부터,
아주 사소한 것부터

졸업과 함께 나는 영국에서 또 다른 변신을 꾀했다. 바로 경영 컨설턴트로서의 삶인데, 이곳에서 나는 정말 소중한 경험을 하게 되었다. 보건의료는 물론이고 정부 정책이나 국가상대의 컨설팅 회사에서 다양한 분야의 전문가들과 함께하는 새로운 도전이었다.

그중 하나가 국가전략을 만들기 위한 지식체계를 구축하는 일이었다. 북유럽 여러 나라의 국가전략을 비교해서, 21세기 우리나라의 신국가전략 방법론을 개발해 그것을 유기적 경영관이라고 했다. 이러한 과정 속에서 경영관, 국가관, 세계관을 새롭게 정립할 수 있었으니 큰 틀 속에서 새로운 인식이 열렸다.

변화든, 발전이든 그 첫 번째 시작은 익숙함으로부터의 탈출이다. 익숙하다는 것은 편안함이라는 속성을 가지고 있기 때문에 새로운 것을 거부한다. 일정한 틀 안에서 사고하고 행동하며 시키는 일만 열심히 하는 것이 편안하게 느껴질 수는 있다. 그러나 그것은 현실에 안주하는 것이다. 안주하는 순간 퇴보가 시작된다고 해도 과언이 아니다.

새로운 삶을 원한다면 아주 작은 것부터, 아주 사소한 것부터 그 즉시 바꿔나간다. 그것이 바로 과감한 도전이다. 과감한 도전은 변화와 도약을 위한 새로운 목표를 가지고 즐거운 마음으로 움직일 때 가능하다. 남다른 열정과 행동력을 보여주는 사람들에게 '비전이 있다', '능력이 있다'라고 이야기하는 것은 그 지점에서 출발한다. 열정은 모든 것을 가능하게 만들고 익숙함으로부터 탈피하는 원동력이 된다.

2010년 남아프리카 공화국에서 개최된 월드컵에서 우리는 또 한 번 '16강 진출'이라는 좋은 성적을 거두었다. 온 국민은 한국 선수들의 플레이에 환호했고 그 결과에 만족했다. 2002년, 2006년과는 또 다른 모습으로 우리 선수들은 열정적이면서도 변화된 모습을 보여주었다.

우리 대표 팀은 감독 의존도가 높은 편이어서 창조적인 플레이가 좀 부족했는데, 박지성 선수가 주장을 맡으면서 감독과 선수, 그리고 선수들 사이의 의사소통이 원활해졌고 환상적인 팀워크는 창조적인 경기 운영으로 이어졌다.

세계적인 축구 강국들과 경기를 할 때도 주눅 들지 않고 대등한 경기를 보여주었으며, 결국 자력으로 16강 진출 목표를 이루어냈다.

이처럼 열정과 새로움을 향한 끊임없는 도전은 변화와 발전의 시금석이 된다.

Quantum Leap Tip

스스로 믿지 않으면 인생에서 이룰 수 있는 것은 아무것도 없다. 비약적인 도약의 순간이나 폭발적인 성공을 할 운명이 따로 정해져 있는 것은 아니다.

부족한 면도 있지만 나름대로 완벽한 나 자신을 믿어줄 수밖에 없다. 이제 분명한 목표나 대상을 향해 달려가는 일만 남았다.

불확실성을
즐기는 경지

　임상적으로 모든 문제를 척척 해결하는 의사, 그리고 세계가 나아가야 할 방향을 찾아가는 리더가 나의 인생 목표다. 하지만 이를 향해 내딛는 첫걸음은 항상 설레고 두렵기 마련이다. 지난 20년간 나는 치과의사에서 보건학으로, 경영학으로, 다시 치과의사로, 그리고 대학교수로 변신을 계속했고, 최근 몇 년간은 다른 나라 의료인들을 대상으로 하는 해외 강연 일정이 이어지고 있다.

　사람들에게 희망과 용기를 주는 글을 써서 베스트셀러 작가의 반열에 오른 잭 캔필드(Jack Canfield)는 이렇게 말했다.

　"사람은 먼 목표를 향해가는데, 실제는 모든 사람이 자동차 앞 헤드라이트에 비친 50m 앞만 보고 가게 된다."

　점프 – 꿈을 향해 폭발적으로 도약하는 기술

나의 한 걸음 한 걸음은 다음과 같은 족적을 만들었다. 치과의사, 영국 케임브리지 대학교 유학, 경영 컨설턴트, 영국 옥스퍼드 대학교 유학, 경영 컨설팅 회사 영국법인 설립, 한국치과 교정연구회 이사, 한 대학교의 사회복지학과 교수, 해외 강연 강사.

나의 발걸음은 지금도 이 세상에 하나밖에 없는 나만의 지도를 그려나가고 있다. 잭 캔필드의 말대로 사람은 시야 반경이 50m밖에 되지 않아 내가 궁극적인 목적지에 도달할 수 있을까 의심될 때도 있고, 때로는 길을 잘못 들거나 역주행을 하는 듯 보일 때도 있다. 그러나 그 길의 끝은 내가 그렇게도 원하는 목적지이고, 목적지 또한 내가 하루빨리 도착하기를 기다리고 있을 것이다.

우리나라는 지난 몇십 년간 경제뿐만 아니라 모든 분야에서 눈부신 발전을 이루어왔다. 교육체제나 방식도 많이 바뀌었다. 주입식 교육은 구 유물이 되었고, 지금은 '창의성'을 가장 중요시하는 시대다.

세계 각국은 앞다투어 '창의성'으로 승부수를 띄우고 있다. 2007년 미국 정부는 〈미국의 과학기술공학 및 수학교육 시스템의 주요 요구사항에 관한 국가 행동전략〉 보고서를 발표했다. 그 내용은 미래의 성장 및 발전을 위해 창의력을 높이는 국가 교육 프로그램을 계획하고 발전시키는 것으로 구성되었으며, 유치원에서 대학까지 교육을 개선하기 위한 계획안과 다양한 창의력 계발 프로그램이 포함되어 있다.

영국은 어떨까? 창의성 교육을 위한 정부 계획안을 발표했는데, 창의력과 문화 교육을 중점적으로 담당하는 자문위원회를 신설해 범국가적인 창의성 교육 프로그램을 도입하기로 했다. 일례로 유명한 건축가, 과학자, 미술가, 그리고 음악가 등 다양한 방면의 예술가들이 직접 교실을 찾아 학생들을 지도하는 문화예술 창의성 교육 프로그램이 널리 실시되고 있다.

예술의 나라 프랑스는 교육부를 중심으로 창의성을 높이는 교육 프로그램을 개발하고, 공교육에서만도 2,000개가 넘는 다양한 프로그램을 공급하고 있다. 창의성은 불확실성을 즐길 수 있는 마음가짐에서 출발한다. 새로운 것과 미지의 결과를 두려워하지 않는 자세다. 우리나라가 예전에 성공모델로 채택한 것은 선진국을 모방하는 형태의 소극적인 접근 방식이었다. 그러나 앞으로는 그마저도 여의치 않다. 더러는 어떤 나라의 모델이 될 정도로 우리나라도 일정한 궤도에 올랐기 때문이다.

이제는 불확실성을 과감히 받아들이고 창의적인 접근 방식으로 새로운 미래를 열어가야 한다. 21세기는 창의력의 시대다. 혁신적인 아이디어와 과감한 도전이 개인은 물론이고, 국가의 경쟁력과 부를 창출하는 근간이 되고 있다. 창의성을 키워 창의성으로 승부하는 나라나 개인은 불확실한 미래의 주인공이 될 것이다.

먼 목표를 향해 가는 길 위에서 때로는 흔들리고 불안하며 초조할 수도 있다. 그러나 그 불안감은 더 큰 창의력으로, 결과가 불확실한 눈앞의 도전은 큰 꿈을 이루는 초석으로 자리 잡을 것이다.

Quantum Leap Tip

케임브리지 대학교 입학시험 중 에세이가 '가장 기억에 남는 인생의 성과'를 서술하는 것이었다. 나는 학창시절, 학우들과 밤을 새워 함께했던 어떤 연구가 가장 기억에 남는 인생의 성과라고 대답했다.

그 결과는 합격통지서로 날아들었다. 살다 보면 몇 년 또는, 몇십 년 만에 도착하는 뒤늦은 답장도 있는 법이다.

기적은 바로
우리 옆에 있다

아침에 눈을 뜨면 내가 제일 먼저 하는 일 중 하나가 기도다. 무엇을 달라고 비는 것이 아니라 하늘의 뜻이 오늘도 이루어지기를 바라는 기도다. 나를 저 멀리 뚝 떼어놓고 하늘의 뜻이 이루어지기만을 간절하게 원하는 기도다. 기도의 힘인지 모르겠지만, 내가 상상할 수조차 없는 기적 같은 일을 경험할 때도 있다.

독일의 유명한 선교사 조지 뮬러(Johann Georg Ferdined Müller)는《5만 번 응답받은 조지 뮬러의 기도》라는 책을 썼다. 영국의 브리스틀에 그의 생가가 있어 찾아간 적이 있는데, 제2차 세계대전 당시 영국의 수많은 고아를 보살피며 살았던 그의 흔적이 한곳에 모여 있었다. 그는 거리에 버려진 수많은 아이를 집 안으로 데려다 놓고 아이들과 함께 기도했다. 오늘 먹을 양식을 달라, 아이들에게 필요한 연필과 공책을 달라는 소박한 기도였다. 그런데 그가 남겨놓은 유산은 어떤가? 한마디로 어마어마하다. 브리스틀 대학교에서 학생들의 강의실로 사용할 만큼 커다란 건물, 그리고 그것보다 소중한 삶의 방식이 유산으로 남은 것이다.

경기도 의왕시에는 '라자로 마을'이 있다. 도심 속 아름다운 정원을 연상하게 하는 그런 멋진 곳임을 입구부터 느낄 수 있는데, 라자로 마을은 이경재 신부가 한센병 환자들을 위해 그곳에 요양원을 설립하면서 시작되었다. 신부복 외에는 가진 것이 없었던 신부님은 무슨 수로 많은 환우가 몸을 깃들이고 편안하게 쉴 수 있는 아름다운 터전을 마련할 수 있었을까? 그것은 바로 타인을 위한 헌신과 기도였다.

'머지않아 우리들의 사랑의 씨앗은 싹트리라'는 라자로 마을의 상징어가 되었고, 후원자의 수는 1만 3,000명을 넘고 있다. 25세의 젊은 신부가 뿌린 씨앗이 아름다운 결실을 맺은 것이다. '그대 있음에'라는 김남조 시인의 시 제목으로 여는 라자로 마을 돕기 음악회는 해마다 성황리에 열리고 있다.

아프리카 수단에서 의료봉사와 교육 활동을 펼치다 생을 마감한 영화 〈울지마 톤즈〉의 이태석 신부, 간절한 기도의 보답으로 아프리카 말라위에 후원자의 도움으로 큰 병원을 지은 '말라위의 천사' 백영심 간호사도 빠뜨릴 수 없다. 그들을 보면 기적은 먼 곳에 있는 것이 아니라 바로 우리 곁에 있다는 것을 실감하게 된다.

'사람은 먼 목표를 향해 가는데, 실제는 자동차 헤드라이트에 비친 앞만 보고 가게 된다'라는 말이 있다. 그러다 보니 '목적지에 도달할 수 있을까?'에 대해 의심될 때도 있고, 때로는 길을 잘못 들거나 역주행을 하는 듯 느껴질 때도 있다.

그러나 그 길의 끝은 내가 그렇게도 원하는 목적지이고, 목적지는 내가 도착하기를 기다리고 있다.

지름길을 찾아라

'재능이냐? 노력이냐?' 하는 질문은 누구나 한 번쯤 해봤을 것이다. 사람들은 대부분 재능이 더 중요하다고 생각한다. 그래서 선천적으로 타고난 재능과 건강을 부러워한다.

그러나 태어날 때부터 우월하고 건강한 신체조건을 가지고 있다 하더라도 노력하고 잘 관리하지 않으면 발전할 수 없다. 재능도 마찬가지다. 꾸준히 그 재능을 갈고닦지 않으면 노력하는 사람을 이길 수 없다. 나에게 없는 재능을 부러워하는 대신 자신에게 있는 조그만 것도 감사하고, 노력을 게을리하지 않는 것이 더 중요하다.

성공을 향한 지름길은 바로 이 사실을 인정하는 데서 출발한다. 자신의 가장 훌륭한 장점을 찾아내고, 그것을 활용해 자신의 인생 목표에 어떻게 잘 도달할 수 있도록 하는지가 관건이다. 능력을 최대한 발휘하거나 최소한의 노력으로 최대한의 결과를 얻는 방법은 간단하다. 부모로부터 물려받은 자신의 능력과 재능이 무엇인지 인지하는 것, 그것을 활용해 하루하루 실력을 갈고닦는 것, 그리고 삶의 목표를 향해 꾸준히 나아가는 것, 꿈을 향해 매진하는 것, 그것밖에 없다.

사람들은 보통 무엇을 갖고 싶다, 되고 싶다 이야기하면서도 실제로 그것을 이루기 위한 구체적인 노력은 기울이지 않는다. 자신의 마음과 생각을 한곳에 모아 한 방향으로 꾸준히 에너지를 집중하는 자세가 부족하다. 그리고 관심의 향방도 분산되어 있고 너무 자주 변한다. 이래서는 아무것도 할 수 없다. 생각을 한곳에 모으고 힘을 집중해서 목표가 달성될 때까지 노력을 기울이는 것, 이것이 유일한 성공 비책이다.

Quantum Leap Tip

세상에서 가장 오래 산 사람으로 공인된 프랑스의 칼망 할머니는 122세를 일기로 세상을 떠났다.

내가 칼망 할머니의 삶에서 배운 것은 건강하게 오래 산 사실보다 85세에 펜싱을 배우기 시작하고 100세까지 자전거를 타고 110세에 비로소 요양원에 들어갔다는 사실이다.

우리의 삶을 가슴이 시키는, 가슴 뛰는 일로 채워나갈 때 우리는 아마도 영원한 청춘이 아닐까.

연주하지 않을 때는
연습합니다

원주에 개원한 키노 치과에는 보통 하루 100명 이상의 어린이 고객들로 붐빈다. 눈코 뜰 새 없이 바쁜 나날을 보내던 중에 한 의료 관련 업체가 주관한 Dental MBA 프로그램과 연결되었다.

고심 끝에 나는 그 일을 수락했고, 강의를 준비하기 전 키워드를 찾으려고 애썼다. 치과의사들에게 꼭 필요한 30시간짜리 프로그램 기획은 쉽지 않은 일이었다. 나는 자나 깨나 키워드를 생각했다. 그리고 어느 날, 기적처럼 키워드가 떠오르면서 강의의 세부적인 사항은 순식간에 완성되었다. 정신없이 진료를 마치고 MBA 강의가 끝나는 새벽 1시는 내게는 더없이 가슴 벅찬 시간이었다. 성취감이 무엇인지 알 수 있었다.

세계적인 피아니스트 빌헬름 박하우스(Wilhelm Backhaus)는 85세까지 4,000회 이상의 연주회를 했는데, 어느 날 독일에서 열린 연주회가 끝나고 한 기자가 질문을 던졌다.

"선생님, 훌륭한 연주 잘 들었습니다. 훌륭한 연주를 하시기 위해 얼마나 많은 노력을 기울이시는지 궁금합니다. 연주를 하지 않을 때 선생님은 주로 무슨 일을 하십니까?"

박하우스는 거침없이 대답했다.

"저는 연주하지 않을 때는 연습합니다."

골프의 황제 잭 니클라우스(Jack William Nicklaus)나 아놀드 파머(Arnold Daniel Palmer)도 연습광이었다.

성공은 한계 또는 방해물에 집중하는 것이 아니라 가능성에 도전하는 것이다. 성공한 사람들은 한결같이 "여러 번의 반복은 성공을 향한 과정"이라고 이야기한다.

아리스토텔레스(Aristoteles)도 말하길 "탁월한 결과는 반복되는 연습을 통해 나온다"라고 했다. 한계와 장애물을 극복하는 방법은 가능성에 집중해서 부단히 연습하고 실천하는 것 외에는 없다.

"선생님, 필라멘트를 만들려고 벌써 90가지의 재료 실험을 해봤지만 모두 실패했습니다. 필라멘트 발명은 불가능한 일 아닐까요?"

제자의 볼멘소리에 에디슨은 이렇게 대답했다.

"무슨 소리야? 그것을 왜 실패로 생각하나! 우리들의 실험은 실패한 것이 아니고 안 되는 재료가 무엇인지 90가지나 알아낸 아주 성공적인 실험이었다네."

살아 있음이
바로 희망

    사람은 몸이 불편하면, 특히 팔다리가 없으면 아무것도 할 수 없다고 생각한다. 그래서 나이가 들수록 "건강이 최고!"라고 말하고, 건강을 위한 다양한 노력을 기울인다.

    그런데 호주 청년 닉 부이치치(Nick Vujicic)가 놀라움과 함께 새로운 깨달음을 안겨주었다. 태어날 때부터 팔다리가 없는 청년이, 전 세계를 돌며 꿈과 희망을 전도하는 모습에서 사람들은 전율을 느낀 것이다. '살아 있음이 희망'이라고 말하는 듯한 그의 모습에서 병상에 있거나 몸이 불편한 사람은 물론, 신체 건강한 사람들도 큰 용기를 얻고 있다.

    그는 우리에게 말한다.

    "끝까지 포기하지 않으면 실패는 없다!"

"삶에는 한계가 없다!"

'유비쿼터스(Ubiquitous)'는 라틴어의 유비크를 어원으로 하고 있다. 유비크는 '동시에 어디서나 존재하는'이라는 뜻으로, 시간과 장소에 구애받지 않는, 시간과 장소로부터 자유로운 것을 의미한다.

휴대폰과 인터넷이 세상을 바꾸었다. 예전에는 '지식 정보화 사회'라는 말이 크게 실감이 나지 않았다. 그러나 인터넷이 급속히 전파되면서 사람들은 세상과 실시간으로 소통할 수 있는 도구를 손에 쥐고 살아간다.

유비쿼터스 사회는 인터넷을 기반으로 새롭게 형성되는 지식 정보화 사회다. 휴대폰은 이제 더 이상 전화기 역할만으로 만족하지 않는다. 사람들은 휴대폰으로 정보를 검색하고 메일을 보낸다. 또한, 상시로 환자의 건강과 의료 정보를 제공하고 점검하는 의료 서비스가 포함되기도 하고, 환자의 상태를 점검해서 검사 결과를 조회, 처방을 내리는 도구로 활용하고 있다.

휴대폰 외에도 사람과 사람이, 사람과 사물이, 사물과 사물이 정보를 교환하는 시대가 되었다. 지금은 이미 사고 발생 현장에서 실시간 정보가 전달되고, 실시간 정보가 편집되어 기사로 작성되며, 그 상황이 실시간으로 중계되는 세상이다.

점프 - 꿈을 향해 폭발적으로 도약하는 기술

아울러 점점 시각 장애인도 안내견이나 도우미 없이 편안하게 외출할 수 있는 세상이 되고 있다. 또한, 개인용 휴대폰과 화상회의 기기를 통해 언제 어디서나 얼굴을 보고 하는 회의가 진행되고 있으며, 홍체 지문 인식을 통한 개인 인증 정보 시스템이 일반화되어 위급한 상황에서 환자 병력 조회 등의 긴급한 일 처리도 가능해졌다. 그리고 우리는 지금 외국어 공부를 따로 하지 않더라도 다국어 번역기를 이용해서 외국인과 자연스럽게 대화할 수 있는 세상에 살아가고 있다.

닉 부이치치에게도 머지않아 새로운 의미의 팔과 다리가 생길지도 모른다. 사지가 없어도 문제없다고 온몸으로 말하고 보여주는 그이지만, 어쩌면 그것에 의지해 지금보다 더 멋지고 훌륭한 일을 해낼 수 있을 것이다.

미래 환경 변화에 걸맞은 사고방식의 변화와 유비쿼터스 사회의 주역으로 손실 없는 정신세계를 가꾸어나갈 때, 우리는 새로운 세상의 주인공이 될 것이다.

Quantum Leap Tip

    과감한 도전은 변화와 도약을 위한 새로운 목표를 가지고, 즐거운 마음으로 움직일 때 가능하다. 남다른 열정과 행동력을 보여주는 사람들의 비전은 그 지점에서 출발한다.

    열정은 모든 것을 가능하게 만들고, 익숙함으로부터 탈피하는 원동력이 되는 것이다.

가장 기억에 남는 인생의 성과는?

대학원 시절, 나는 '충치의 원인이 되는 산을 형성하지 않는 천연 소재의 새로운 감미료' 자일리톨을 연구하고 있었다. 그 당시에는 자일리톨이 지금처럼 알려지지 않았고, 유럽과 미국 등 몇몇 선진국에서만 사용하고 있었다. 그런데 우연한 기회에 자일리톨이 충치 예방용으로 더없이 좋은 재료라고 판단되어 효능에 관한 실험연구에 뛰어들게 된 것이다.

연구는 치과대학 학생들과 한 팀이 되어 진행했다. 그런데 좋은 기회가 왔다. 전국 대학생 연구대회가 열리게 된 것이다. 우리는 연구에 박차를 가했다. 충치균이 얼마나 자라는지 보기 위해 2시간 간격으로 확인하고, 이틀 밤을 꼬박 새워 데이터를 모았다. 학생 대표를 선정해 논문 작성을 하고, 체계적으로 준비했다. 그리고 그 결과는 대상이었다! 얼마나 기뻤는지 모른다.

누군가는 이렇게 물었다. 상패와 부상은 학생 대표에게 돌아가고, 실제 연구책임자인 나에게는 무엇이 남았느냐고. 전국 대학생 연구대회였으니 그 상찬은 당연히 학생 대표에게 주어지는 것이 맞다. 나는 연구책임자로서의 역할을 다한 것과 우리가 함께 최고의 결과를 얻은 것에 만족했다.

시간이 흘러 그때의 노력은 생각지도 못한 곳에서 더 큰 결실을 맺었다. 케임브리지 대학교 입학시험 중 에세이로 '가장 기억에 남는 인생의 성과'에 대해 서술하는 것이 있었다. 나는 서슴없이 오래전 그 연구사례를 적었다. 대학 인터뷰 담당자는 나에게 그 내용을 구체적으로 물었고, 나는 학우들과 함께했던 그 연구가 가장 기억에 남는 인생의 성과라고 대답했다. 그 결과는 합격통지서로 날아들었다.

살다 보면 몇 년, 혹은 몇십 년 만에 받는 답장도 있는 법이다. 신경과학자 다니엘 레비틴(Daniel Levitin)은 성공한 사람들의 원리를 연구하던 중 공통점을 발견했다. 그들은 대부분 1만 시간 이상의 어떤 단계를 거쳐 성공의 길로 접어들었다는 사실이다. 물론 모든 사람이 1만 시간을 투자한다고 해서 누구나 성공하는 것은 아닐 것이다.

말콤 글래드웰(Malcolm Gladwell)은 《아웃라이어》라는 책에서는 1만 시간 연습을 강조하고 있다. 성공을 위한 특별한 능력이 요구되기보다는, 힘겹고 지겨운 연습을 수행해낼 수 있는 능력이야말로 천재의 조건이라는 것이다. 자신에게는 재능이 부족하다고 생각하는 보통 사람들에게 희망을 주는 메시지가 아닐 수 없다.

신경과학자들은 일반적으로 뇌 기능의 향상을 이야기할 때 주로 인지능력에 관심을 기울여왔다. 하지만 성공을 이끌어내는 능력은 비범한 인지능력에서만 오는 것이 아니라, 비범한 자기조절능력에서도 나타난다. 성공적인 결과를 위해 일차적으로 필요한 것은 능력에 걸맞은 자신이 좋아하는 일을 찾는 것이다. 그렇게 되면 자연스럽게 좋아하는 일에 집중하게 되고, 반복적인 연습과 훈련은 즐거운 놀이가 될 수 있다.

목표보다 과정에, 하루하루 자신이 발전하고 성장하는 모습을 즐기다 보면 원하던 것을 얻게 된다. 이것이 바로 수많은 작은 성과들이 모인 최고의 작품을 만드는 비결이다. 작은 성과는 큰 열매의 전주곡이다.

존 레논은 비행기 속에서 갑자기 떠오른 악상을 급히 메모지에 옮겼고, 이것이 불멸의 히트곡이 되었다. 만약 그가 악기와 악보를 준비하고 작업실에 앉아 '자, 이제부터 멋진 곡을 쓰는 거야'라고 생각했다면, 〈이매진〉과 같은 곡이 나왔을까.

아이디어는 누구나 떠올릴 수 있지만, 그것을 완벽하게 자기 것으로 만드는 사람은 드물다.

이소룡의
의심 제거법

유명한 액션 영화 배우 이소룡(Bruce Lee)은 자신의 훈련 과정에 부정적인 사고를 없애는 훈련을 포함시켰다고 한다. 의심은 적극적으로 가는 길에 보이지 않는 장애물이 된다. 사람들은 의심이라는 보이지 않는 장애물로 인해 멈추거나 도중하차를 하고도 이 사실을 깨닫지 못하는 경우가 많다.

이소룡이 사용한 의심 제거 방법은 자신의 부정적인 모습을 시각화해서 그것을 종이에 하나씩 적은 다음, 불로 태워 재로 날려버리는 것이었다. 이 훈련법을 더욱 발전시킨 사람은 미국 영화배우 척 노리스(Chuck Norris)였다. 그는 아주 현실적인 실용주의자로서 자기 생각을 의도적으로 통제하고, 이소령의 이 훈련법을 적극적으로 활용해 소기의 목적을 달성한 것으로 알려져 있다.

사람들은 일을 시작하기 전에 이상하게 그 일이 안 될 이유부터 찾는다. 키가 작아서, 목소리가 작아서, 얼굴이 안 예뻐서, 눈이 나빠서, 부모님이 안 계셔서, 공부를 조금밖에 못 해서, 일에 대한 경험이 없어서, 돈이 없어서 등 갖가지 부정적인 이유를 나열한다. 원하는 결과에 도달하지 못할 경우, 받을 상처에 미리 대비하는 것일까? 아무튼, 그 결과는 대부분 그 사람의 생각대로 나타난다.

비약적인 도약은 위와 같은 여러 가지 부정적인 시각과 의심과의 결별 선언에서 시작된다. 우리가 습관적으로 떠올리는 낡고 부정적인 생각들을 버리고, 좋은 결과가 눈 앞에 펼쳐질 것이라는 확신을 가지고 순간순간을 살아가는 과정 속에서 나타난다.

스스로 믿지 않으면 인생에서 이룰 수 있는 것은 아무것도 없다. 비약적인 도약의 순간이나 폭발적인 성공을 할 운명이 따로 정해져 있는 것이 아니다. 나 자신은 부족한 면도 있지만 나름대로 완벽하며 분명한 목표나 대상을 향해 적극적인 자세로 달려갈 모든 준비가 완료되었다고 믿는다. 그리고 이러한 긍정

점프 - 꿈을 향해 폭발적으로 도약하는 기술

적인 희망은 우리에게 더 많은 에너지를 발산하게 해서 원하는 목적지에 도착할 수 있도록 가속도를 붙여준다.

과거의 실수에 발목이 잡혀 모든 것을 포기해버리는 사람도 드물지 않다. 과거 자신이 한 실수와 잘못은 그 자체로 인정하되 자꾸만 기억되지 않도록 지워버린다. 물론 쉬운 일은 아니다. 하지만 최선을 다해 노력할 때 의심으로부터 자유롭게 되고 자신감과 용기를 갖게 된다.

성공 경험이 많을수록 자신감이 높아진다. 내가 모르는 어떤 일을 처음 시작할 때 사람들은 불안해하기 마련이다. 성공 경험은 그 불안감을 지워준다. 그러니 성공한 경험은 되도록 기억하고, 잊고 싶은 과거의 기억은 지워버리는 습관도 필요하다. 실패에서 무너지지 않고 성공의 디딤돌로 삼는 지혜를 가질 수 있다면 얼마나 좋겠는가.

    우리의 삶은 바로 대나무와 같다. 살다 보면 아무리 노력해도 끝이 보이지 않는 터널을 통과하는 것 같은 정체기도 있다. 그러나 보이지 않는다고 해서 물과 거름 주는 것을 포기하게 된다면, 비약적인 성장의 시기는 영원히 기대할 수 없다.

    어떻게 할 것인가. 지금 당장 가시적인 성과가 보이지 않는다고 해서 멈춰 서겠는가, 아니면 폭발적인 도약이 현실로 나타날 때까지 물과 거름을 계속 주겠는가.

직관의 소리는
스며든다

우리는 자기 생각과 목표를 통해 세상을 만들어간다고 믿는다. 그러나 여기에 본질이 생략되어 있다는 사실에 주목해야 한다. 내 생각이나 관념은 나 중심의 고정관념의 틀 속에서만 만들어진 것이기에 궁극적인 목표를 달성할 수 있는 가장 중요한 요소가 되기에는 무리가 있다. 머리로 구성된 생각보다 가슴으로 느껴지는 직관에 무게 중심을 두어야 하는 것이다.

생각은 보통 한 가지 문제에 한정되지만, 본질적인 관점으로 바라보면 그 한 가지 문제는 수많은 변수가 있고, 여러 가지 관계가 얽혀 있어 쉽게 결론 내릴 수 없다. 직관은 분석적인 생각이 개입되지 않은 순수한 고유의 영역이다. 사람들은 직관으로 상황을 인식하고 본질적인 해답을 얻게 되지만, 보통은 자기 생각과 논리를 앞세워 직관을 무시하고, 그것이 마치 합리적인 것처럼 본질과 벗어난 답을 선택하는 경우가 많다. 그러다 보니 제한된 방법과 해결책을 가지고 원하는 목표에 도달하지 못하는 상황이 생긴다.

직관의 소리는 자신의 경험과 논리를 접어놓은 상태에서 가만히 귀 기울일 때, 비로소 들을 수 있다. 마음을 활짝 열고 귀를 기울이면 꽃이 피는 소리나 밤하늘 별의 속삭임이 우리 귓가에 스며들어 온다. 이성보다는 감성의 흐느낌이다. 살다 보면 이러한 직관의 소리가 다양한 방법을 뛰어넘어 원하는 결과에 이르는 지름길임을 알게 된다.

예수는 자신의 사명에 대한 직관의 소리를 따라 살아갔고, 십자가에 자신의 목숨을 내어놓기 전날 밤, 기도했다.

'얼굴을 땅에 대시고 엎드려 기도하여 이르시되 내 아버지여 만일 할 만하시거든 이 잔을 내게서 지나가게 하옵소서. 그러나 나의 원대로 마옵시고 아버지의 원대로 하옵소서(마태복음 26:39).'

죽음 앞에 선 두려움에서 피해가고자 하는 인간의 모습과 하늘의 음성인 사명을 놓고 갈등하는 모습이다. 그러나 그는 결국 직관의 소리에 초점을 맞추었고, 온 인류를 구원한 메시아가 되었다.

Quantum Leap Tip

요즘 경기가 불황인가, 호황인가? 나를 둘러싼 외부환경은 호조건인가, 아니면 악조건인가? 내가 처한 환경은 내가 규정하고 만드는 것이다. 질질 끌려 다녀서는 안 된다.

꿈이 어떻게 현실이 될까? '퀀텀 리프', 즉 비약적이고 폭발적인 도약 같은 사고전환이 반드시 요구된다. 내가 지금 할 수 있는 퀀텀 리프가 무엇인지 주변에서 찾아보자.

중요한 해답은
내 안에 있다

삼성전자는 1980년대에 또 하나의 중대한 결정을 하게 된다. 반도체 분야 진출이 그것이다. 그 결정을 주도한 사람은 고 이병철 회장이다. 그 당시 참모들은 약속이나 한 듯 반대하며 한국은 기술력이 부족하고, 반도체 산업은 사업성이 부족하다는 보고서를 올렸다.

이병철 회장은 모든 반대를 물리치고 반도체 산업에 뛰어들었다. 그런데 어떤가? 그 선택이 지금의 삼성전자를 만들었다. 당시 모든 보고는 삼성전자가 반도체 산업에 진출할 수 없는 이유를 잔뜩 싣고 있었다. 그러나 이병철 회장의 직관에 의한 결정이 삼성전자를 살렸고, 삼성전자가 세계적인 기업으로 성장할 수 있는 원동력이 되었다.

바둑이나 체스를 생각해보자. 프로 기사들의 대국이나 국제 체스 대회를 보면 선수들은 예측할 수 없는 상대의 수를 읽으며 순간순간 자기의 길을 만들어간다. 숙지된 기본 패턴은 그동안 만들어낸 다양한 상황을 통해 정리되고, 예측할 수 없는 상대의 수를 읽고 또 내 패를 두게 된다. 최후의 승리는 순간순간 그가 선택한 직관의 힘을 통해 얻어진다.

아이작 뉴턴(Isaac Newton)은 어느 날 사과나무에서 사과가 떨어지는 것을 보고 만유인력을 발표했다. 하지만 그것은 하루아침에 이루어진 일이 아니다. 매일매일의 연구와 성찰로 준비가 되어 있었던 것이다.

수학자 아르키메데스(Archimedes)도 마찬가지다. 어느 날, 그는 목욕탕에서 "유레카!"를 외치며 알몸으로 뛰어나왔다. 그 깨달음은 직관과 함께 평소의 공부에서 얻어진 것이다.

사람들은 성공의 경험에 의해 자신감을 얻고 더욱 발전하기도 하지만, 그것에 함몰되어 오류를 범할 수도 있다. 직관과는 또 다른 이야기다. 직관은 자신의 경험과 사고를 뛰어넘는 창의적인 아이디어가 그 기본이다. 머릿속 정보와 지식이 창의적인 지혜가 되기 위해서는 고정관념을 극복하는 것이 중요하다.

다양한 정보의 파편들이 다시 새롭게 뭉쳐 지식 덩어리가 되고, 이 지식 덩어리가 부서져 새로운 파편이 되는 과정이 지속되면서, 의식과 고정관념은 쉬게 하고 무의식을 더욱 생동감 있게 만드는 과정을 통해 직관은 얻어진다.

과거의 경험이 가져다준 잊을 수 없는 즐거움과 고통은 모두 잊어라. 그로 인해 얻은 어떤 공식과 방법들도 과감히 버려라. 내 마음속에 숨겨진 참된 정답을 스스로 찾도록 귀를 기울여라. 새로운 결과가 기다리고 있다.

점프 - 꿈을 향해 폭발적으로 도약하는 기술

Quantum Leap Tip

1단계 혹은 몇 단계씩 점진적으로 바뀌든, 예측도 못 했던 방식으로 확 바뀌든 우리 인간은 패러다임의 혁명 사고의 틀 자체가 송두리째 바뀌어야 하는 알 수 없는 세상을 살고 있다. 바꾸어 생각해보면, 우리가 미처 알지 못한 나의 능력 또한 폭발적으로 도약할 수 있지 않을까.

그곳이 어디든 스스로의 힘으로 도달할 수 있다는 믿음이 중요하다.

무질서한 행보에도 길이…

KTX를 타면 서울에서 부산까지 2~3시간 만에 쉽게 갈 수 있다. 그러나 만약 고속열차를 타지 않고 국도나 지방도로로 직접 차를 달려 내려간다면, 지루하고 피로감이 가중될 것이다. 하지만 시간을 잃는 대신 얻은 것도 많다. 차창 밖의 산천과 들판, 꽃과 나무와 사람들의 모습을 더 가까이서 들여다볼 수 있다.

사실 삶은 고속도로보다는 국도나 지방도에 가깝다. 때로는 쉬었다 가야 하고, 막힌 길을 피해 돌아가기도 하고, 또 계획을 수시로 수정할 상황도 생긴다.

내가 치과의사에서 경영 컨설턴트로, 또다시 임상의로, 교수로, 해외 강연 강사로 끊임없이 변모하는 것도 바로 그 길 위에서의 일이다. 한국에서 태어나 영국으로, 또다시 미국으로, 미국에서 한국으로, 아시아와 동유럽으로 계속되는 나의 행보는 어떤 사람 눈에는 쓸데없이 복잡하고, 어렵게 사는 것으로 느껴질 수도 있을 것이다.

그러나 단 한 번뿐인 인생, 마음 가는 대로 충실히 살아보는 것도 무방하지 않겠는가! 인생은 재방송이 없다. 우리는 오직 단 하나의 생명으로 단 한 번뿐인 인생을 살아가는 것이다. 여러 번 생명을 나누어 사는 사람도 없다. 어떠한 능력자라도, 어느 누구라도 오직 단 하나의 생명을 갖고 연습 없는 인생을 살아간다.

삶은 일회성이다. 일회전으로 끝나는 짧은 경기다. 인생에 연습은 없다. 예고편도 없다. 오직 본경기만 있을 뿐이다. 우리는 매일 돌이킬 수 없는 이 엄정한 시합에 참여하며 최종 결승전을 치른다. 아무리 부럽고 좋아 보인다고 한들 절대로 나는 다른 사람의 인생을 살 수 없으며, 다른 사람들 또한 그러하다. 다른 이의 인생을 흉내 낼 필요도 없고 모방할 수도 없다. 그렇기에 더더욱 삶을 성공적으로 이끄는 지혜와 전략이 필요하다.

이 소중한 인생을 위해서 우리는 도전해야 한다. 물론 위험이

따를 것이다. 성공이 보장된 것도 아니다. 그러나 매 순간 우리는 선택과 새로운 도전 앞에 서게 된다. 도전은 미지를 향해 나아가는 용기다. 미래는 정보화 사회를 넘어 유비쿼터스 사회를 지향하고 있다. 우리가 한 번도 경험해보지 못한 사회가 우리를 기다리고 있다. 새로운 선택과 용기가 필요하다. 두렵다고 해서 피할 수도 없다. 어쩌면 우리의 예측과는 동떨어진 새로운 길이 또 나타날지도 모른다. 성공은 넓고 탄탄한 대로에 있는 것이 아니라, 예측 불가능한 무질서한 길로 이루어진 좁은 골목길 속에 숨어 있다.

Quantum Leap Tip

성실과 인내는 정말로 훌륭한 덕목이며 인생에 성공과 성취를 가져다주는 큰 원동력이지만, 그것이 전부는 아니다. 노력이 중요하지만 진정한 의미의 성공을 원한다면 단순 반복적인 노력에 그쳐서는 안 된다는 뜻이다. 그 전에 그 견고한 틀을 깨고 나오지 않으면 안 된다.

이 세상에 하나밖에 없는 당신만의 멋진 빛을 발현해보라.

두려움이 없는
상태는 없다

10여 년 전 MBA 학위를 마치고 귀국할 때 내게는 아내와 두 아이(지금은 셋), 그리고 현금 800만 원이 남았다. 다행히 앞으로 내가 일할 국내 경영 컨설팅 회사는 정해졌지만, 불안한 출발이 아닐 수 없었다. 그러나 10년이 지난 지금은 어떤가? 그당시의 불안과 두려움은 아무것도 아닌 환상에 불과하다는 사실을 깨닫는다.

그것이 무엇이든 사람은 항상 무엇인가를 두려워하기 마련이다. 특히 생존하고자 하는 욕구가 강할수록 위험에 대해 민감하다. 용기는 두려움에 대한 저항이고 두려움을 극복하는 방법이지, 두려움이 없는 상태는 결코 아니다.

중요한 것은 두려움의 유무가 아니라 위험에 대처하는 구체적인 삶의 태도다. 용기 있는 사람은 두려움 속에서도 앞으로 계속 전진하고, 용기 없는 사람은 멈추어 선다. 위험한 상황 앞에 서도 당당한 모습은 자기 확신과 자기 존중으로 이어진다. 두려움을 버리고 도전하지 않으면, 우리는 두려움에 잡아먹힐 것이다. 두려움이 우리의 삶을 지배할 것이다. 그러한 원인을 인식하고 객관적으로 분석하게 되면 두려움의 실체를 명확하게 알게 된다. 무조건 부정하는 것이 아니라 긍정적이고 적극적인 자세로 임하면 두려움이나 위험도 새롭게 다가온다.

어떤 사람은 오로지 돈 때문에 안전한 직장, 안전한 기회만 선택한다. 그런데 이 세상에 100% 안전하다거나 완벽하게 보장해주는 것은 아무것도 없다. 직장도 더 이상 나를 지켜주는 안전망이 되지 못한다. 가난뱅이가 될지도 모른다는 두려움은 새로운 도전을 할 수 없는 소극적인 자세로 만들어 도리어 부정적인 결과를 낳게 된다.

반대로 돈에 대한 불안과 두려움을 떨쳐버린 사람은 어떤 위험에 봉착하더라도 용감하게 새로운 삶을 선택해 경제적인 풍요를 누릴 기회를 얻는 경우가 많다. 집착하지 않고 손실을 각오하는 것이 도리어 좋은 결과를 낳는 것이다.

맥스웰 몰츠(Maxwell Maltz)는 진정한 변화와 자아 혁명을 위한 성공 실천 프로그램을 창안했는데, 그의 위험에 대한 대처방법 중 하나는 다음과 같다.

편안한 자세로 앉아서 어떤 전화도 받지 않는 자신의 모습을 떠올려본다. 전화벨이 아무리 시끄럽게 울린다 해도 거들떠보지 않는다. 위험 앞에 서게 되는 순간 전화벨이 울린다고 생각한다. 그리고 자신에게 말한다.

'전화벨이 울리든, 말든 그냥 내버려두자.'

다음으로 동료들이 고래고래 소리 지르는 동안 조용히 앉아서 미동도 하지 않고 있는 자신의 모습을 상상해본다. 매일매일 바쁜 일상생활에서도 침착하고 편안하게 하나씩 일을 처리하는 자신의 모습을 상상한다. 과거 혼란스럽기 짝이 없었던 위험 속에서 어떻게 그것을 잘 극복했는지 생각해본다.

우리는 운동경기 중 상태 팀에 줄곧 지고 있다가 위기를 극복하고, 승리를 안겨주는 선수나 팀을 더욱 응원하고 환호한다. 명백한 위기 상황에서 투지를 불태우되 지나친 의욕에 사로잡히지 않고, 방어보다는 적극적으로 공격적인 자세를 취하며 위기 상황을 벗어나는 선수나 팀에 열광한다.

대중 앞에서 멋진 연설을 하는 사람들도 심적 부담을 떨치기

점프 - 꿈을 향해 폭발적으로 도약하는 기술

위해 수많은 사람 앞에 당당하게 서 있는 자기의 모습을 상상하며 연설을 준비한다.

맥스웰 몰츠는 이렇게 말한다.

"매일 체조하면 건강해진다고 믿으면서, 매일 연습하면 반드시 성공을 가져다주는 마음의 체조는 왜 하지 않는가?"

노력과 연습은 우리 앞에 놓여 있을지도 모르는 위험을 즐길 수 있는 여유와 용기를 갖게 해준다. 불확실한 미래에 위험한 상황이 불가피한 것이라면, 전전긍긍하고 쩔쩔매기보다 모험을 즐기는 사람으로 변화하는 것은 어떨까?

사람은 평생 동안 살면서 잠재 능력의 10%도 채 사용을 못 한다고 한다. 나의 대부분의 능력은 아직 깊숙이 묻혀 있다. 그러므로 내가 얼마나 멋진 사람인지는 그 누구도 모르는 것이다. 이렇게 한번 외쳐보자.

"해결 불가능한 문제는 다 내게로 오라! 나의 무한한 잠재력으로 모두 해결해주겠노라."

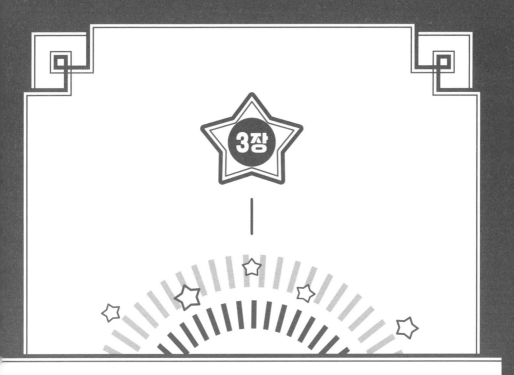

3장

그 순간의 점프

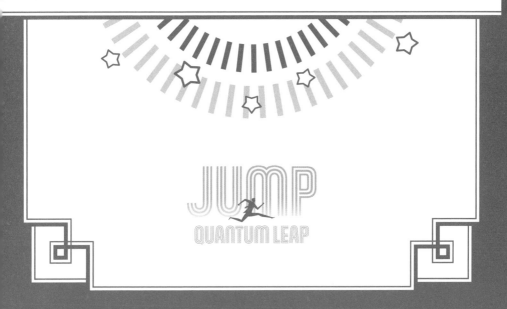

때로는 허공에 몸을 맡겨라

미국 샌프란시스코에서 진행되는 PSI 리더십 코스는 나에게 세계적인 리더가 무엇인지 다시금 일깨워 주었다. 졸업식장에 미국 국기와 캐나다 국기, 그리고 대한민국 국기가 걸렸다. 나를 제외하면 전부 미국, 캐나다 사람들이었다. 대한민국 사람으로서 다시 한번 마음을 다잡지 않을 수 없었다. 진행을 맡은 분이 나를 호명했을 때, 사회자의 선창에 따라 졸업생과 내빈들은 나와 대통령 등 우리나라 정치 지도자들을 위해 높이 잔을 들었다.

인생에서 도전은 반드시 필요한 일이다. 사람들이 도전을 두려워하는 이유는 도전 자체가 예측할 수도 없고, 결과를 알 수 없기 때문이다. 도전은 럭비공과 같아서 어디로 튈지 모른다.

그러나 바로 그런 점이 또 매력적인 요소가 아닌가. 조마조마 하면서도 우리가 도전에 기꺼이 몸을 맡긴다면, 도전은 답례로 새로운 길을 드러내 보여줄 것이다. 그리고 경험해보지 못한 멋진 길로 우리를 안내할 것이다.

그러므로 담대하게 두려움 없이 도전과 마주해야 한다. 가보 지 않은 길을 걷는 것만으로도 도전은 결과에 상관없이 성공 한 것이나 마찬가지다. 때로는 두 발을 땅에서 완전히 떼고 허 공에 완전히 몸을 맡겨야 하는 순간도 있다. 불편하고 두려운 허공의 질주다. 그러나 허공의 질주 또한 내가 원하는 것을 얻 기 위한 아름다운 몸짓으로, 열심히 살아가는 모습 중의 하나 일 뿐이다.

참다운 의미의 리더는 도전을 즐길 줄 안다. 그는 어려움을 인내할 줄 안다. 무엇보다 자신이 누구인지, 무엇을 원하는지 정확하게 안다.

Quantum Leap Tip

　꿈을 이루기 위해서는 무엇인가를 준비해야 한다고 생각하며 우물쭈물하다가 그 꿈을 잃어버릴 때가 많다.

　'나는 아직 준비가 안 됐잖아! 다음으로 미뤄야지 어쩌겠어.'

　목표보다 이런저런 준비 상황에 더 초점을 맞추게 되면서 결정적인 실행 기회를 놓치는 것이다.

　지금이 그 타이밍이다. 다음은 없다. '지금'이 바로 '그때'다.

시간과 목표의
모니터링

　내가 경험한 리더십 프로그램 중 유난히 육체노동 비중이 큰 프로젝트가 있었다. 어디까지나 자발적인 노동이기에 마감 시간 전에 일을 다 못 마친다고 해서 크게 문제가 되거나 낙오를 하는 것은 아니었다. 그러나 그 일에 임하는 예비 지도자들은 긴장으로 안절부절못했다.

　우리가 할 일은 주어진 48시간 동안 건물을 보수하는 일이었다. 페인트칠과 하수관 설치는 기본이었는데, 생전 못질이나 삽질, 그리고 곡괭이질 한번 해보지 않은 나로서는 정말 힘든 일이 아닐 수 없었다. 마감 시간이 아침 6시였는데, 나는 5시 59분까지 잠도 못 자고 달리고 또 달렸다. 쓰러질 것 같은 몸을 일으켜서는 달리고 또 달렸다. 마침내 종료를 알리는 소리와 함께 감독관은 프로젝트 인스펙션에 들어갔다. 결과는 100% 목표 달성! 우리 팀원들은 환호했다. 나도 함께 고래고래 소리를 질렀다.

'시간이 없어 못 한다'라는 말은 핑계다. 시간이 없어 못 할 일은 없다. 목표와 열정, 인내가 없는 것뿐이다. 시간을 잘 운영하는 첫 단계는 정확하게 시간을 모니터링하는 것이다. 최근 며칠 동안 자신의 활동 내역을 모두 적고, 각각의 행동에 투자한 시간을 상세히 기록해본다. 그리고 내가 열정적으로 일했던 시간, 그리고 비생산적인 활동을 구분해서 시간의 활용도를 평가한다. 어떻게 하면 비생산적인 활동을 줄이고 시간의 활용도를 높일지 생각해본다.

'당신이 반드시 이루고 싶은 인생의 목표는 무엇인가?'
'꼭 달성하고 싶은 인생의 목표를 이루어가기 위한 우선순위는 어떤 것인가?'
'구체적이고 명확하게 자신의 목표를 우선순위에 따라 설명할 수 있는가?'

위 세 가지 질문에 대한 답이 "예!"라면 당신의 꿈은 현실화될 가능성이 매우 크다. 반대로 우물쭈물하거나 얼버무린다면 당신의 꿈은 영원한 꿈으로 남게 될 것이다.

구체적이고 명확한 목표가 우선순위에 따라 나열되었다면 이제 필요한 것은 마감 시간이다. 마감 시간이 중요한 것은 우리에게 주어진 시간과 에너지가 한정되어 있기 때문이다. 시간과 에너지는 구체적인 목표에 집중될 때 그 목표가 하나둘 수면 위에 오르게 되고, 결과적으로 궁극적인 목표에 도달하게 된다. 시간이 더 많다고 목표가 더 정교하게 완성되는 것은 아니다.

오히려 조금 부족한 듯한 빠듯한 시간 속에서 더 좋은 결과를 얻을 가능성이 크다. 시간이 부족하다는 압박감 속에서 짧은 시간에 집중해서 하는 공부와 일이 놀라운 성과를 올리는 경우를 우리는 종종 보지 않는가.

미국의 신학자이자 목사인 로버트 슐러(Robert Schuller)는 "목표에 대한 구체적인 계획이 세워졌다면 그 일을 언제 끝낼지 결정해 곧바로 실행에 옮겨야 한다!"라고 말했다. "성공을 확신하는 것이 성공에의 첫걸음"이라는 말도 빠트릴 수 없다.

당신의 꿈과 목표가 현실이 되기를 원하는가? 그렇다면 지금 당장 그 목표에 마감 시간을 정해보라. 일의 진행이 훨씬 가속화될 것이다.

Quantum Leap Tip

'그릇이 크다'라는 말은 꿈이 크다는 것이다.

꿈이 큰 사람은 자신을 지킬 줄 안다. 시시한 쾌락에 몸을 맡기지 않고 큰 꿈을 향해 한 걸음, 한 걸음 달려가게 된다.

가슴에 꿈을 품고 매진한다면 누구나 큰 사람이 될 수 있고, 위대한 사람이 될 수 있다. 모든 것은 생각에 달려 있기 때문이다.

미래 사회의
국가 경쟁력을 높여라

　세계적으로 유명한 경영 컨설팅 회사 중 대표적인 보스턴 컨설팅 그룹은 20년이 넘는 세월 동안 세계 비즈니스 환경 변화를 연구해왔는데, 최근 벌어지고 있는 새로운 기업 환경을 '글로벌 리비'라고 명명했다.

　이제 기업이 한 국가에 국한되거나 제한받는 시대는 지났다. 기업의 중심은 더 이상 존재하지 않고 다양한 형태의 가능성과 미래를 향한 도전이 새로운 조합을 이루는 완전한 혁신이 요구된다.

　인터넷의 보급과 확산, 그리고 정보화 시대의 도래는 우리 사회를 획기적으로 변화시켰다. 머지않아 다가올 유비쿼터스 혁명은 단순 변화가 아닌 전폭적인, 그리고 고도화된 혁명을 일

　　　　　　점프 – 꿈을 향해 폭발적으로 도약하는 기술

으키게 될 것이다. 우리나라가 IT 선진국으로 인정받게 된 것은 정부를 중심으로 지난 시간 동안 끊임없이 준비하고 노력해왔기 때문이다.

그러나 여기에 머물러서는 안 된다. 선진국은 이미 호흡 네트워크 시장을 열고 유비쿼터스 기술과 가전제품을 연결하는 것이 활성화되고 있으며, 국방 분야에서 시작된 RFID(Radio Frequency Identification : IC칩과 무선을 통해 식품·동물·사물 등 다양한 개체의 정보를 관리할 수 있는 차세대 인식기술) 서비스는 유통·식품·축산물 관리 등의 분야로 확대되어나가고 있다.

또한, 지능형 로봇이 각 가정에 보급되고 있다. 세계 각국은 앞다투어 미래 사회의 국가 경쟁력을 높이기 위해 연구와 개발에 박차를 가하고 있다. IT 강국인 우리나라의 약진도 주목받고 있다. 지금은 좀 더 적극적인 전략이 필요한 시점이다. 국가와 정부, 기업, 각 국민의 긴밀한 상호협력이 요구되는데, 더욱 발전한 사회에서 누릴 수 있는 혜택이 편중되지 않고 골고루 돌아간다면, 노력과 의지도 배가 될 것이다. 유·무선 통신기술과 함께 현실세계와 가상세계가 공존하는 세상이 되면서 원격 교육이나 원격 의료 등 새로운 개념의 서비스들이 속속 생겨나고 있다.

캘리포니아 대학은 공중에 떨어지는 먼지 컴퓨터를 개발하고 있고, MIT 대학은 산소와 같이 언제 어디서나 떠다니는 컴퓨터 연구를 진행하고 있다. 상상할 수도 없었던 일들이 현실이 되어가고 있다.

이처럼 전반적인 환경의 변화는 마지못한 소극적인 접근보다는 더욱 적극적인 도전을 요구한다. 새로운 산업과 새로운 비즈니스가 만들어지고 편리하며 풍요로운 라이프 스타일이 실현되어 소비자 중심의 인공지능형 사회가 새롭게 구성되고 있는 중이다.

인간 중심적인 삶의 방식과 지식 기반 형태의 미래 환경이 잘 결합된다면 우리의 삶이 더욱 윤택해지지 않을까? 우리에게 필요한 것은 변화를 두려워하지 않고, 적극적으로 수용할 수 있는 마음가짐과 어떤 환경 변화에도 탄력적으로 대처할 수 있는 능력이다. 이것이 미래를 열어가는 열쇠일 것이다.

점프 - 꿈을 향해 폭발적으로 도약하는 기술

 우리에게 필요한 것은 열심히 무조건 달려가는 것보다
한 차원 다른 시각으로 미래를 바라보고 자신의 목표를 설
정하는 일이다.

 그 남다른 목표가 무엇인지 나 자신에게, 또 마음속과 현
실 속의 스승들에게 길을 물어보자.

모바일 세상의 포지셔닝

휴대폰이나 인터넷의 진화로 바야흐로 새로운 시대가 우리 앞에 펼쳐지고 있다. 우리 삶의 패턴이 송두리째 바뀌고 있다고 해도 과언이 아니다. 과거 기업 중심의 상거래는 고객 중심의 새로운 사업구조로 바뀌어가고, 드라마나 영화도 소비자들이 직접 참여해 제작하고 유통하기도 한다.

신흥 개발도상국가들은 앞다투어 첨단기술과 함께 저비용구조, 조직의 최적화, 민첩성 등을 첨가해 새로운 경쟁력을 구축하고 있다. 이처럼 새로운 삶의 패러다임은 우리에게 혁신적인 사고방식을 요구하고 있다.

대기업이나 기존의 글로벌 기업들은 새로운 기술과 마인드로 무장한 기업이나 개인으로부터 끊임없이 도전받고 있다. 홈

점프 - 꿈을 향해 폭발적으로 도약하는 기술

오피스(재택 근무)는 지구촌 어디에 있든 상관없이 세계를 무대로 사업을 펼칠 수 있게 되었고, 인터넷으로 세계 유명 대학 교수들의 명강의를 안방에서 무료로 들을 수 있게 되었다. 트위터는 사람들이 실시간으로 소통하는 새로운 기반을 마련했다. 이른바 소셜 네트워킹이다. 모바일 혁명 속에서 지구촌 사람들의 지식과 정보, 검색의 개념이 변화하고 휴대폰 하나로 언제 어디서나 모든 거래가 가능하며 위치 정보, 위치 검색, 지역 검색의 혁명이 일어났다.

아울러 매달 100명의 백만장자를 만들어내는 애플 앱스토어의 혁명, 모바일의 발달로 유비쿼터스 세상이 한 발짝 더 다가오게 된 것도 새로운 세상의 변화를 예고하는 일이다.

이제 리더나 사회의 주역이 되기 위해서는 새로운 사회에 걸맞은 새로운 사고방식과 대처방안이 필요하다.

'나는 미래 혁명을 주도하고 이끌어갈 준비가 되었는가?'
그 시작은 열린, 한마디로 새로운 사고방식이다.

Quantum Leap Tip

자신의 국적을 넘어 국제화 마인드를 가진 차세대 리더는 폭넓은 시각으로 지구촌 곳곳에서 벌어지는 이슈에 관심을 가지고 각각의 문제를 한국과 다른 나라의 관점, 그리고 전 세계적인 관점으로 바라보는 훈련을 쌓는 것이 필요하다.

이제 내 나라는 '세계'인 것이다.

진행 중에는 모든 것이
실패처럼 보일지도 모른다

《기적이 상식이 되는 교회》라는 책이 있다. '기적은 우리 주위에 항상 공기처럼 햇빛처럼 있는 것'이라고 하는데 맞는 이야기다. 우리가 미처 깨닫지 못하고 있는 것일 뿐이다.

임제 선사는 '기적이란 물 위를 걷는 것이 아니라 땅 위를 걷는 것'이라고 했다. 같은 맥락의 이야기다. 많은 사람들이 기적에 대해 특별한 사람에게 나타나고 일반적으로 볼 수 없는 현상으로 이해하고 있는데, 이는 잘못된 것이다. 기적은 바로 내 앞에 있으며 알고 보면 도처에 널려 있다.

기적은 깨달음을 필요로 한다. '모든 사람이 걷고 있으니 내가 걷는 것도 당연한 일이 아니냐?' 하는 생각에서, '내가 이렇게 걷는 것도 기적이다' 하는 의식의 각성이 필요한 것이다. 내가 당연하게 생각하고 누리는 것을 아주 특별한 기적으로 이해할 수 있을 때 삶의 모든 과정은 기적으로 재구성된다.

성공을 향해 가는 과정 중에는 예상 밖의 결과들도 많아 어떤 때는 모든 것이 실패인 것처럼 보일 때도 있다. 그러나 우리가 보지 못하는 기적이 주변에 널려 있는 것처럼, 잘못된 것처럼 보이는 그 결과들은 우리를 성공으로 이끄는 징검다리가 되어줄 것이다.

'모든 것이 합력해 선(善)을 이룬다'라는 《성경》로마서의 구절이 생각난다.

기적은 어둠 속에서 희망을 품고
사람이 사람을 사랑하고
눈가에 눈물이
입가에 미소가 나오는 것이며,
나뭇가지에 새싹이 돋고
아침에 해가 떠오르는 것이다.

성공을 향해 가는 우리의 발걸음도 하루하루 기적의 순간들이 모여 만들어진 결과물이다. 그 과정은 겉으로 보기에는 별것이 아니고 변화가 없어 보여도 그 자체가 기적이고 성공의 열매들이다.

1928년, 영국의 생물학자 알렉산더 플레밍(Alexander Flem-ing)은 박테리아 실험을 하고 있었다. 그는 여러 가지 배양 실험 후 한 쪽에 남겨놓았던 배지에 곰팡이가 생기면서 그 주변에는 박테리아가 자라지 못하는 것을 발견했다.

박테리아를 자라지 못하게 하는 곰팡이는 특수한 물질을 분비했는데, 플레밍은 이 물질을 '페니실리움(Penicillum)'이라고 명명했고, 이것이 대량 생산되면서 질병 예방에 탁월한 효과를 인정받아 1945년 그는 노벨상을 받기에 이르렀다.

실험이 여의치 않아 쓰레기통에 버려둔 배지에서 자라난 곰팡이는 우리 인류에게 새로운 기적을 가져다준, 없어서는 안되는 약이 되었던 것이다.

'나의 삶은 무엇인가.'
'지금 나의 모습은 어떠한가.'
'내가 남기고 갈 유산은 무엇인가.'

21세기 모바일 혁명 시대에도 인간의 질문은 계속된다.
질문이 없으면 대답도 없다.

문제와 시련은
변장한 성공

바늘에 실을 꿰어본 적이 있는가? 바늘에 실을 꿸 때 아무리 눈이 좋은 사람이라도 단 한 번에 정확히 꿰는 경우는 별로 없다. 바늘을 쥐고 있는 손이 떨려서이기도 하고, 실을 쥐고 있는 손이 흔들리기도 하며, 실 끝에 힘이 없어 원하는 위치를 유지하지 못하는 것이 원인이기도 하다.

콜라병에 참기름을 부어본 적은 있는가? 이때도 기름을 흘리지 않기 위해 조심조심 따르지만, 한 방울도 흘리지 않고 따르는 경우는 드물다. 자신도 모르게 손이 떨리면서 기름이 병 주둥이 옆으로 조금이라도 흐르는 경험을 하게 된다. 왜 그런 현상이 나타날까?

정신의학적으로 봤을 때는 긴장이 원인일 것이다. 따로 이상이 없더라도 실수를 하지 않기 위해 경직되거나 과도하게 주의를 기울일 때 이러한 현상은 발생하게 되어 있다.

성공을 향해 한 걸음, 한 걸음 걸어가는 중에도 우리는 원하지 않는 여러 가지 문제나 시련과 맞닥뜨리게 된다. 아무런 문제 없이 단 한 번에 성공하는 예는 드물다. 그러니 너무 실망하거나 좌절하지 말고, 그 실패와 나란히 도란도란 이야기라도 나누며 걷는 것은 어떨까?

예기치 않는 문제와 어려운 일을 만났을 때, 당황하지 않고 지혜롭게 문제를 해결해나갈 때 성공은 바로 눈앞에 있다. 그 문제를 너무 과장하거나 확대해서 해석하지 않는 것도 중요하다.

차분하게 '이 문제만 해결하면 원하는 것을 얻을 수 있다'라고 생각하고 좀 더 힘을 내자. 문제와 시련은 변장한 성공이라고 생각하자.

Quantum Leap Tip

    살다 보면 '이 정도면 됐어'라는 생각이 들 때가 더러 있다. 만족과 겸손의 철학은 좋지만 일생 동안 끊임없이 더 완벽하고 높은 꿈을 지향한 사람들이 이 세상을 바꾸었다는 사실을 우리는 알고 있다.

    꿈은 선택 요건이 아니라 영원히 우리 가슴속에 살아 숨 쉬어야 할 필수요건이 아닐까.

아침 이불을 걷고
일어나는 용기라면

사이쇼 히로시(稅所弘)는《아침형 인간》이라는 책을 통해 우리에게 이름을 알렸다.

사람들은 아침 일찍 일어나는 것이 건강상으로나 집중력의 효과 면으로나 여러모로 유익하다는 사실을 알면서도 일찍 일어나는 것을 힘들어한다. 그렇게 아침 일찍 일어나는 습관을 내일부터로 자꾸 미룬다. 얼마나 많은 날을 우리는 아침 이불 속에서 늦잠이라는 달콤한 유혹과 싸우다가 번번이 졌는지 모른다.

성공을 향한 발걸음 속에도 수많은 유혹이 도사리고 있다. '좀 더 자자', '좀 더 눕자', '좀 더 쉬자', '내일 하자', '다음에 하자', '이 정도면 됐어!', '할 수 있을까?', '정말 가능할까?' 마음속에서 들려오는 다양한 목소리는 전진하는 우리의 발목을 잡는다.

유혹을 뿌리치기 위해서 '자기 조절 프로그램'을 활용하는 것도 좋다. 자기 조절 프로그램은 '긍정적으로 말하고, 성공을 시각화하며, 감정을 이입하고, 편안하게 긴장을 푸는' 과정으로 구성되어 있다. 인간관계나 경제활동 등 다양한 활동 속에서 두려움을 극복하고 자신감을 길러내기 위해 적용할 수 있고, 더 구체적인 예로는 대중 앞에서 연설하거나 스포츠 경기에서 떨 때 긴장감을 없애기 위해 작동할 수 있다. 해야 할 동작들을 마음속에서 반복하고 자신이 원하는 모습을 머릿속에 그대로 그려보는 간단한 과정만으로도 좋은 결과를 기대할 수 있는 것이다.

아침형 인간이 되기 위한 방법으로 "자신을 세뇌시키고, 일찍 잠자리에 들며, 아침 30분에 변화를 주고, 산책을 시작하며, 아침에 뇌를 자극하고 밤의 유혹을 뿌리치라"고 말한다.

가장 중요한 것은 말이나 결심으로만 그치는 것이 아니라 긍정적으로 생각해서 말하고, 시각화하며, 감정을 이입하고, 행동에 옮기는 과정이 되풀이할 때 좋은 습관으로 자리 잡을 수 있다. 자기 조절 프로그램으로 다양한 유혹 및 나쁜 습관과 결별하자. 그 후에야 비로소 성공을 꿈꿀 수 있다.

Quantum Leap Tip

  퀀텀 리프를 한다는 것은 모험을 하는 것이다. 이제껏 아무도 가보지 않은 곳으로 과감하게 길을 나서는 것이다. 이는 물리학뿐만 아니라 우리 삶에도 적용할 수 있다.
  나의 경험과 생각 및 사고방식을 바꾸고 재구성하는 것도 포함된다.

퀀텀 리프는
누구나 가능하다

《성공의 법칙》의 저자 맥스웰 몰츠는 이렇게 말한다.

"사람은 동물이나 기계, 특히 컴퓨터와 비교할 수 없을 정도의 훌륭한 존재임에 틀림이 없다. 그러나 실제적인 의미에서 본다면 사람은 마음대로 사용할 수 있는 슈퍼 컴퓨터로 생각해볼 수 있다. 사람의 뇌와 여러 가지 신경구조는 마치 컴퓨터와 같이 작동하고 사용할 수 있는 구조를 가지고 있기 때문이다. 그렇기에 어떤 누구라도 성공의 법칙, 성공 메커니즘을 활용해 자신의 성공을 이루어낼 수 있다고 확신한다."

생각은 스스로 목표물을 추적하는 미사일이나 어뢰 같아서 폭발적인 도약을 필요로 하면, 우리의 몸과 마음은 그러한 폭발적인 표적을 향해 하나하나 움직이기 시작한다. 중간중간 필요한 문제해결, 필요한 해답, 그리고 새로운 아이디어나 영감, 그리고 폭발적인 도약의 결과가 현실이 되는 모든 과정이 포함된다.

다음은 '다른 사람은 몰라도 나는 절대 할 수 없어!'라고 생각하는 사람에게 하고 싶은 이야기다.

당장 집에 있는 전신 거울 앞에 서라. 그리고 당신의 모습을 똑똑히 보라. 그리고 빌 게이츠(Bill Gates), 워런 버핏(Warren Buffett,) 스티브 잡스(Steve Jobs), 혹은 당신이 성공모델로 삼고 싶은 그 누군가를 떠올리며 자신의 모습과 비교해보라. 당신은 성공모델들과 하나도 다를 것이 없다. 지능은 모르겠지만 뇌의 구조는 같다.

'나라고 못할 것이 뭐가 있겠는가!'

그 생각을 바로 삶에 작동시켜라. 성공의 법칙은 성공의 결과를 낳는다.

폭발적인 도약으로 얻어지는 목표에 정조준 하라. 그리고 온몸과 마음을 목표를 향해 움직여라. 자동 성공 프로그램은 전원이 켜지고 그 즉시 작동하게 될 것이다.

Quantum Leap Tip

살면서 자신도 모르게 구축된 고정관념은 우리로 하여금 다양한 기회를 빼앗고, 한 단계 더 나은 삶으로 나아갈 수 있는 기회를 차단한다.

폭발적인 도약은 깨달음 속에서 그것이 행동으로 견인될 때 대대적인 삶의 지각변동으로 나타난다.

영동고속도로에서 벌어진 자동차 추락사고는 나에게 '삶이 무엇이고, 어떻게 살아야 하는가?'를 고민하게 해준 인생에서 가장 중요한 순간이었다. 과거에 있었던 수많은 실패는 실패가 아닌 성공을 위한 디딤돌이었고, 단 한 가지만 없어도 완성되기 어려운 작품의 구성요소들이었다는 사실을 돌아볼 수 있었다.

'아메리칸 드림' 하면 떠오르는 미국의 소설가 호레이셔 앨저(Horatio Alger)에 대한 이야기다.

호레이셔 앨저 1세의 아들로 태어난 그는 6세 때부터 교회 목사인 아버지에게 읽기 교육을 받았는데, 어려서부터 글쓰기에 상당한 관심을 보였다. 하버드 대학교 재학시절에는 고전

문학에서 두각을 나타냈고, 1852년에 우등생으로 졸업했다.

대학 졸업 후 그는 교사로 일하면서 잡지에 글을 기고했다. 1857년 하버드 신학교에 등록해 1860년 학위를 받은 뒤 7개월 간 유럽 대륙을 여행하다가 남북전쟁이 발발하자 바로 귀국했다. 전쟁 중 군대에 지원했으나 다행인지, 불행인지 불합격 판정을 받았다.

1864년 메사추세츠 주 부루스터의 교회 목사로 임명되었으나, 그곳 소년들과 성행위를 했다는 추문 때문에 1866년 쫓겨나 뉴욕으로 가게 된다. 그 당시 그는 도무지 앞이 보이지 않을 정도로 수치스럽고 큰 인생의 위기에 봉착했다. 아무것도 할 수 없었다. 자신의 삶이 어떤 방향으로 전개될지 그 자신도 몰랐다.

그의 삶은 《누더기를 입은 딕(Ragged Dick)》이라는 성공담 류의 소설을 통해 생생하게 그려졌고, 독자들로부터 선풍적인 인기를 얻었다. 그는 문학이 자신의 천직임을 발견하게 되었다. 이후 그는 30여 년 동안 100여 권이 넘는 책을 집필했다. 자신의 소명을 마침내 발견한 것이다. 성직자인 아버지가 그토록 원하던 삶이 송두리째 무너진 그때, 다시는 일어설 수 없을 것 같다고 느낀 그때, 바로 그는 진정한 자신과 만났던 것이다.

사람들은 살다가 생각지도 않은 문제나 시련을 만나면 의기소침하고 부정적인 생각으로 기울기 쉽다. 그러나 시련은 변장한 축복이라는 말이 있지 않은가. 살면서 마주치는 수많은 벽은 우리를 더욱 아름답게 만들어갈 새로운 등불이 되는 것이다.

세상 앞에 당당히 외쳐보자.
"시련아, 내게 오라. 내가 너를 축복으로 여기노라."

점프 - 꿈을 향해 폭발적으로 도약하는 기술

Quantum Leap Tip

피터 드러커는 말했다.

"나는 30대 초반이 되어서야 나의 갈 길을 정할 수 있었습니다. 내가 잘할 수 있는 일을 드디어 찾은 것이지요. 나는 작곡가 베르디가 노년에 한 말을 평생 지침으로 삼기로 했습니다. 아무리 나이가 들어도 절대 포기하지 않고 앞으로 계속 전진하기로 결심했지요."

마음은 다른 방향으로
문을 연다

미래가 어떻게 전개될지 다 알고 살아간다면 무슨 재미가 있을까. 죽는 날이 언제지 알게 된다면 얼마나 맥이 빠질까.

아이들이 좋아하는 게임을 옆에서 지켜보면서 그런 생각을 할 때가 있다. 다음 장면에 무엇이 펼쳐질지 모르는 상황에서 즐기는 게임은 정말 박진감이 넘친다. 그러나 그 게임을 이미 해본 친구가 옆에서 결과를 앞질러 말하면 아이들은 흥미를 잃고, 짜증을 내기 시작한다.

영화를 볼 때 내용을 미리 말하는 사람이 주변에 있으면 영화를 보는 즐거움이 급격하게 반감되는 것과 같다.

"내 게임, 내 영화는 내가 알아서 즐기도록 제발 가만히 있어주시오!"

"나를 그냥 내버려두시오!"가 18번이었던 파트리크 쥐스킨트(Patrick Süskind)의 소설 주인공 좀머 씨처럼 인생을 살다 보면 고함이라도 마음껏 지르고 싶은 순간들이 있다.

목표를 실현하는 과정에는 누구에게나 힘들고 고통스러울 때가 있기 마련이다. 그 이유 중 하나는 기대나 예상과 불일치하기 때문일 것이다. 불확실한 상황 아래에서 사람은 중대한 의사결정을 내려야 하고, 또 한 걸음 한 걸음 전진하며 나아가야 한다. 어떤 때는 목표를 포기하고 싶은 유혹을 느끼게 된다. '모든 것이 불확실한데 내가 도대체 무엇을 할 수 있겠는가?' 그런 생각에 때로는 무릎을 꿇기도 한다.

그러나 반대로 생각해보자. 우리가 인생의 비밀과 모든 답을 알고 살아간다면 삶이 얼마나 시시해지겠는가? 미래가 열려 있듯 우리의 하루하루가 새로움과 불확실성의 연속선상에 펼쳐지니 더욱 값지고 흥미진진한 것이 아닐까?

시련은 또 다른 기회다. 어려움을 겪는 그 순간 마음은 다른 방향으로 문을 연다. 만약 불확실한 미래로 당신의 가슴에 큰 상처가 있다면, 그 상처는 당신의 삶에 가장 큰 원동력, 확실한 에너지로 전환될 것이다.

울고 싶으면 눈물을 흘려라. 그러면서도 자신의 어깨를 다독여라. 눈물과 격려 속에 살아갈 힘이 다져진다. 살다 보면 누구나 불확실한 미래가 부정적이고 암울하게 생각될 때가 있다. 하지만 우리가 걸어갈 길은 안개가 걷힌 후 모습을 보이는 아름다운 산봉우리처럼 미래의 모습을 더욱 선명하게 우리 눈앞에 펼쳐줄 것이다.

점프 - 꿈을 향해 폭발적으로 도약하는 기술

Quantum Leap Tip

프로 기사들의 대국이나 국제 체스 대회 같은 것을 보면 선수들은 예측할 수 없는 상대의 수를 읽으며 순간순간 자기의 길을 만들어간다. 숙지된 기본 패턴은 그동안 만들어낸 다양한 상황을 통해 정리되고, 예측할 수 없는 상대의 수를 읽고 또 나의 패를 두는 것이다.

최후의 승리는 순간순간 그가 선택한 직관의 힘을 통해 얻어진다.

월마트는
구멍가게에서 시작했다

　세계적인 유통회사인 월마트를 창업한 샘 월튼은 1945년 군 전역 후 주머니를 탈탈 턴 돈 5,000달러와 장인에게 빌린 돈 2만 달러를 가지고 사업을 시작했다. 아칸소주의 인구 7,000명 정도 되는 동네에 잡화점을 연 것이다. 그 당시 주변에 많은 잡화점이 있었는데, 월튼은 궁리 끝에 독자적인 영업 전략을 폈다.

　첫 번째 했던 일은 부지런히 발로 뛰면서 상품 공급자를 만나 싼 가격에 물건을 사들이는 것이었다. 물건을 20% 싸게 사서 20% 싸게 팔면 세 배 이상 판매량이 늘었다. 물건 하나당 이윤은 반으로 줄어들지는 몰라도 세 배 이상 많은 물건을 팔게 됨으로써 수입은 오히려 늘어나는 것이다. 얼마나 간단한 이치

　　　　　　　　점프 – 꿈을 향해 폭발적으로 도약하는 기술

인가? 빅리다매의 원칙이다.

그의 성공신화는 생각을 즉시 행동으로 옮기는 데서 신호탄을 울렸다. 직접 발로 뛰어 상품을 싸게 파는 그의 영업 전략은 소비자들에게 큰 호응을 얻었고, 나아가 세계 최고의 할인 유통 기업을 탄생시켰다.

즉각적인 행동은 두 가지 기본자세에서 나온다. 몸과 마음을 가볍게 만드는 것인데, 어디든 원하는 곳을 나의 몸이 쉽게, 가볍게 갈 수 있도록 하는 것이다. 사람은 몸이 무거우면 마음도 함께 무거워진다. 어떤 아이디어가 떠올라도 몸이 좀처럼 움직여지지 않는다. 나이를 먹어가면서는 더더욱 마음같이 몸이 움직이지 않아 좋은 기회를 얻더라도 그 기회를 활용할 수 없는 경우가 많아진다.

그다음은 생각의 유연성이다. 다른 사람들의 의견을 경청하고 유익하다고 생각되는 것을 즉각적으로 받아들인다. 앞으로도 더 좋은 기회와 아이디어가 얼마든지 있다는 생각을 가지고 있어야 유연하게 사고하고 즉각적으로 행동으로 옮길 수 있다.

Quantum Leap Tip

아무리 많은 지식과 경험에도 만족할 줄 모르는 사람들. 두려운 사람은 바로 이들이다.

배울 것이 많이 남아 있는데도 다 배웠다 생각하고 이내 자리를 옮기는 사람은 하나도 무섭지 않다.

두렵고 떨리는
순간에

두려움은 사람이면 누구나 느끼는 감정이다. 두려움은 그 누구도 피해 갈 수 없는 삶의 일부다. 이러한 두려움을 어떻게 극복할 수 있을까? 두려움을 극복할 수 있는 첫 번째 좋은 방법은 그 두려움과 당당하게 맞서는 것이다. 두려움을 당당히 마주 보는 것, 두려움을 있는 그대로 느끼는 것, 두려움 앞에 절대 물러서지 않는 자세야말로 두려움을 물리치는 가장 좋은 방법이다.

사람들은 자신이 경험하지 못한 일 앞에서 두려움을 느낀다. 그러나 만약 실패가 두려워 아무 일도 할 수 없다면, 아마도 그 사람은 참맛을 느끼지 못하고 인생을 마감하게 될 것이다. 두려움을 향해 맞설 때, 두려움이 몰려들 때는 힘들고 고통스럽지만, 그 시간이 지나면 엄청난 희열을 느끼고 언제든지 다시 시작할 수 있는 용기를 얻게 된다. 폭풍이 지나간 후 한층 높고 푸른 하늘을 바라보는 느낌이랄까, 용기는 자신감을 키워주고 사람을 성장시키는 발판이 된다.

농구계의 대표적인 스타 마이클 조던(Michael Jordan)의 이야기다. 그의 실력이 거품이라고 홍보는 사람들이 많았다.

하지만 마이클 조던은 이렇게 말했다.

"나는 지금까지 너무도 많은 슛을 골로 연결시키지 못했다. 그러나 중요한 것은 실패에 좌절하지 말고 끊임없이 노력하면 반드시 승리할 수 있다는 것이다."

1982년, 그를 일약 스타로 만든 사건이 있었다. 미국 대학농구 토너먼트인 NCAA에서 마이클 조던은 꿈에 그리던 결승에 올랐다. 마지막 5초를 남기고 조던의 팀인 노스캐롤라이나 대학교는 최후의 찬스만을 남겨놓고 있었다. 골을 넣으면 역전이지만, 작전이 실패하면 엄청난 불명예를 떠안게 되어 있었다.

마지막 5초를 남겨놓고 모든 사람이 숨을 죽였다. 마이클 조던이 날렵하게 공을 집어 들고 순식간에 공을 던져올렸다. 결과는 골인이었다. 전 세계는 홍분의 도가니가 되었다. 미국의 모든 언론은 이때부터 일제히 마이클 조던을 주목하기 시작했다.

　가장 두렵고 떨리는 순간, 누구나 피하고 싶은 순간, 그때 마이클 조던은 피하지 않고 정면으로 승부했다. 바로 그런 순간에 퀀텀 리프의 기회가 숨어 있다.

Quantum Leap Tip

아침에 눈을 뜨면 제일 먼저 하는 일 중 하나가 기도다. 무엇을 달라고 비는 것이 아니라 하늘의 뜻이 오늘도 이루어지기를 바라는 기도다. 나를 저 멀리 뚝 떼어놓은 기도다.

자아를 버리고 아무런 보답을 기대하지 않을 때 기도는 이루어진다.

질레트의
질레트 면도기

'끊임없는 실패가 성공의 문을 여는 열쇠'라는 말이 있다. 끊임없는 실패가 왜 성공의 문을 여는 열쇠일까?

동경대학교 하타무라 요타로 교수는 《실패학의 권유》라는 책을 통해 '실패는 단지 기억 속에 지워야 할 대상이 아니라 지혜의 보고'라고 말했다. 실패는 나의 잠재력을 끌어올릴 절호의 기회라는 것이다. '하나의 큰 재해가 발생하기 위해서는 29건의 경미한 재해와 300개의 조짐들이 나타난다'는 하인리히의 이론(Heinrich's law)도 이와 같은 논리를 뒷받침한다.

일회용 면도기 '질레트'를 개발한 사람의 이름이 질레트였다. 그는 코르크 병마개 회사에 다니던 중 출장을 가서 면도가 너무 불편했던 나머지 면도기 생각에 골몰하게 되었다.

'어떻게 하면 더욱 간편하고 쉽게 면도를 할 수 있을까?'

그가 그렇게 고민한 6년이란 세월이 마침내 그의 이름을 딴 면도기를 탄생시켰다. 그의 6년은 절대 시간 낭비가 아니었다. 닭이 알을 품고 있는 소중한 시간이었다. 그러나 처음부터 이 면도기가 잘 팔려나간 것은 아니었다. 이 면도기는 제1차 세계 대전 시 군납용으로 채택되면서 본격적인 대중화의 길을 걷게 되었다.

수없이 많은 시도와 실패는 제품 개발에만 있었던 것이 아니라 대중화라는 새로운 무대로의 진출에서도 어김없이 나타났다. 이러한 결과는 질레트의 잠재력을 자극했고, 인생의 어느 순간 적절한 타이밍에 폭발적인 도약을 이루었다. 생각지도 못한 새로운 소비자인 군인을 만나면서 활짝 꽃을 피운 것이다.

토머스 에디슨의 발명, 1920년대 후반에 닥친 미국의 경제 불황, 우리나라의 IMF 위기는 새로운 지혜를 얻고 잠재력을 끌어낸 희망의 교두보가 아닐까.

"선생님, 훌륭한 연주 잘 들었습니다. 훌륭한 연주를 하시기 위해 얼마나 많은 노력을 기울이시는지 궁금합니다."

연주회가 끝나고 어느 기자의 질문에 세계적인 피아니스트 박하우스는 이렇게 대답했다.

"저는 연주하지 않을 때는 연습합니다."

열정은 쓰레기를
악기로 바꾼다

열정은 에너지다. 어떤 일에 애정을 가지고 몰입하는 에너지를 말한다. 그렇다면 열정은 어디에서 오는 것이고, 과연 그 에너지는 무엇일까? 우리 주변을 돌아보면 삶을 열정직으로 살아가는 사람들도 있지만, 그렇지 않은 사람들도 많다.

과연 열정적인 삶을 살아갈 수 있도록 하는 원동력은 무엇일까? 열정적인 삶을 살기 위해서는 진심으로 자기가 좋아하는 일을 찾는 것이 급선무다. 하지만 그 일이 말처럼 쉬운 것은 아니다. 진심으로 자기가 좋아하는 일을 찾기 위해서는 마음속 깊이 자기 자신과 대면할 수 있어야 한다. 자신을 더 잘 알기 위해 질문과 대화도 빠트릴 수 없다.

진정으로 가슴 뛰는 일, 하고 싶은 일, 살고 싶은 삶이 어떤 것인지 자신에게 물어보라. 즉각적이지 않더라도 마음은 조용한 대답을 들려줄 것이다.

노리단을 아는가? 노리단은 우리 문화예술 분야의 대표적인 사회적 기업이다. 방황하는 청소년을 위한 다양한 놀이문화를 제공하는 것에서 출발해 이제는 이 땅에 없어서는 안 되는 역동적인 기업으로 성장했다.

이 기업이 주로 하는 일은 무엇일까? 놀랍게도 산업 폐기물을 이용한 악기 제작 및 연주다. 쓰레기가 악기로 변신하는 기적 속에서 사람들에게 영감을 주는 멋진 문화사업 아이템이 되어 발전과 성장을 거듭하고 있는 것이다. 이들의 퍼포먼스는 사람들의 잠재력을 일깨우고 에너지를 분출시키는 중요한 계기를 만들어주었으며, 사회적 기업으로서의 의무를 다하는 모습은 귀감이 되기에 충분하다.

월마트의 창업자 샘 월튼은 다음과 같은 말로 유통 분야에 대한 자신의 열정을 표현했다.

"나는 아이들도 그저 돈을 쓰는 사람이 아니라 가계에 조금이라도 보탬을 줄 수 있어야 한다는 사실을 어릴 때부터 배웠다. 1달러를 벌기 위해 얼마나 힘들게 일해야 하는지, 나는 열살이 되기 전에 깨달았다. 월마트가 낭비하는 1달러는 고객의 주머니에서 나온 것이다. 고객을 위해 1달러를 절약할 때마다 우리는 경쟁에서 한 걸음 앞으로 나서게 된다."

이들 앞에 비판과 실패는 열정이라는 용광로에 쉽게 사라지는 가벼운 재에 불과하다.

Quantum Leap Tip

평생을 경기도 의왕시 라자로 마을에 바친 이경재 신부,
영화 〈울지마 톤즈〉의 주인공이자 아프리카 수단에서 의료
봉사와 교육활동을 펼치다 짧은 생을 마감한 이태석 신부,
간절한 기도의 보답으로 아프리카에 큰 병원을 지은 '말라
위의 천사' 백영심 간호사를 보면, 기적은 먼 곳에 있는 것이
아니라 바로 우리 곁에 있다는 것을 실감하게 된다.

내 안에
신이 있다

열정은 말 그대로 뜨거운 마음이다. 태양처럼 이글이글 불타오르는 감정의 강렬한 자극이다. 열정은 몸 안에서 밖으로 분출되어 나타나는 에너지다. 열정은 누구나 가지고 있고, 언제든지 발산할 수 있는 것이기에 이를 잘 다스리고 조절하며 적절하게 활용하는 것이 중요하다.

워런 베니스(Warren Bennis)는 미국 남가주 대학교 경영학 교수였다. 그는 《천재의 조직》이라는 저서에서 '공동의 목표를 위한 결단력과 개인적 희생을 위한 의지력이 바로, 무엇인가를 만들어가는 힘'이라고 이야기한다. 리더는 구성원들이 목표에 집중하고 목표로 향해 갈 때 생기는 장애물을 제거하고, 씩씩하게 헤쳐나갈 수 있도록 도와준다.

그것이 부에 대한 열망이라도 마찬가지다. 개인이든, 조직이든 상관없다. 마음속에 원하는 매출, 수익, 그리고 돈의 정확한 액수를 결정한다. 그리고 구성원들이 함께 그 목표에 도달할 수 있도록 그 목표를 정확히 공유하며, 목표 달성을 위해 무엇을 어떻게 투자할지 결정한다.

목표와 투자 방법이 결정되면 그다음은 기한이 결정되어야 한다. 3개월 후, 올해 말 등 구체적인 날짜가 명시되어야 한다. 그래야 비로소 에너지를 한곳에 모을 수 있는, 그리고 힘 있게 구성원들이 움직일 수 있는 모멘텀이 생기게 된다.

그 목표를 향해 갈 수 있도록 오늘의 할 일을 포함한 구체적인 방법을 명시한다. 구체적인 행동 계획을 정했다면, 구성원들이 함께 잘 볼 수 있는 곳에 게시하고, 현재 위치가 어디인지 앞으로의 방향을 수시로 점검하는 것이 좋다.

목표를 향한 열망은 어려운 것이 아니다. 목표를 정하고 그 목표에 도달할 수 있는 방법을 구체적으로 나열해서 매일 목표를 향해 새로운 힘과 에너지를 불어넣는 것, 그것이 누구나 사용할 수 있는 성공의 열쇠다.

열정은 희랍어에서 유래했다고 한다. 이 말은 '내 안에 신이 있다'라는 뜻으로, 우리말의 '신들렸다'라는 표현과도 흡사하다. 열망과 열정이 넘치는 사람은 신나게 일할 수 있다. 몰입과 집중이야말로 열정의 증표다. 최선을 다해 남아 있는 에너지를 자기 일에 쏟아내는 것이다.

열정은 대단한 힘을 가진 전염병이다. 열정은 그것을 지켜본 사람에게 옮겨가는 특징을 가지고 있다. 다른 사람들에게 열정을 불러일으키게 되면, 열정은 또 그 이상의 것으로 표출하게 된다.

열정을 다해 다른 사람의 열정을 불러일으키면, 그 열정은 다시 메아리처럼 되돌아와서 자신을 더욱 열정적으로 만든다. 다른 사람에게 불을 지펴라. 그러면 나 또한 태양처럼 이글거리는 열정의 불덩어리가 될 것이다.

점프 - 꿈을 향해 폭발적으로 도약하는 기술

돈에 대한 불안과 집착을 떨쳐버린 사람은 어떤 위험에 봉착하더라도 용감하게 새로운 삶을 선택해 경제적인 풍요를 누리는 경우가 많다. 집착하지 않고 손실을 각오하는 것이 도리어 좋은 결과를 낳는 것이다.

어떤 경우에도 당당한 모습은 자기 확신과 자기 존중으로 이어진다.

당신은
이미 성공했다

세계적인 물리학자 아인슈타인은 지금으로 치면 만능 엔터
테이너였다. 그는 음악을 사랑했으며, 바이올린 연주를 즐겼
다. 그의 바이올린 연주 실력은 신통할 것이 없었다고 전한다.
그러나 중요한 것은 그가 평생 바이올린 연주를 즐겼다는 사
실이다.

중요한 것은 다른 사람에 비해 잘하느냐, 못하느냐 하는 것
이 아니다. 자기가 하는 일에 기쁨을 느끼면 되는 것이다. 바이
올린 연주를 통한 즐거움은 아인슈타인으로 하여금 위대한 과
학자가 되는 데 중요한 밑거름이 되었다.

저마다 가장 가치 있다고 생각하는 일을 하기 전에 자신에게
가장 즐거운 일이 무엇인지 생각해보자. 즐거움은 삶에 또 다

점프 – 꿈을 향해 폭발적으로 도약하는 기술

른 에너지를 선사하고, 내가 집중적으로 하고 싶은 일에 에너지를 증폭시킨다.

한 연주가 지망생이 바이올린 연주를 마쳤다. 스승이 질문을 던졌다.

"너는 왜 바이올린을 좋아하니?"

"니콜로 파가니니(Niccolo Paganini) 같은 훌륭한 바이올린 연주가가 되고 싶어서요."

학생의 대답이었다. 선생님은 다시 질문을 던졌다.

"너는 정말로 바이올린 연주가 즐겁니?"

학생은 "그렇다"라고 대답했다.

"얘야, 네가 정말로 즐겁다면 이미 성공한 거야. 그런데 왜 파가니니처럼 위대한 바이올리니스트가 되고 싶어 하니? 내가 보기엔 너는 이미 성공했는데!"

우리는 남과 비교해서 가시적인 큰 결과가 있을 때 그것을 성공이라 생각하기 쉽다. 그러나 성공은 내 속에 이미 자리 잡고 있다. 하고 싶은 일을 하며 하루하루 즐거움 속에 살아가는 것, 그것이 바로 성공이 아닐까.

Quantum Leap Tip

    아무런 결실도 보지 못하고 공중에 흩어지는 것만 같았던 노력과 수고가 어느 순간 때가 차서 터져 나온다.

    퀀텀 리프는 출발점부터 다르다. 불가능한 미래를 꿈꾸는 것이다. 불가능이란 인간이 미리 쳐놓은 그물이며, 한계가 아닌가. 우연히 이루어진 것처럼 보이는 이 세상의 그 어떤 것에도 인간의 한숨과 눈물이 숨어 있다.

현대의
공유와 즐거움

경영 컨설팅 회사에서 일할 때, 나에게 두 개의 대학에서 교수 제안이 들어왔다. 어느 곳이 내가 있을 자리인지 신중하게 고민해봤다. 한편으로 생각하면 솔깃한 제안이었지만, 아무리 생각해봐도 지금 당장 내가 할 일은 아니었다.

그러다 누가 적임자일까 생각해봤다. 한 후배가 떠올랐다. 그에게 이런 자리가 있다고 소개했다. 10년이 지난 지금, 그 후배는 국내는 물론, 세계적인 석학들과 어깨를 나란히 하며 자신의 분야에서 맹활약을 펼치고 있다.

스티븐 코비(Stephen Covey)의 저서 《성공하는 사람들의 7가지 습관》은 베스트셀러에서 스테디셀러로 지금도 꾸준히 사랑을 받고 있다. 자본주의의 대표적인 특징이 승자 독식과 무한경쟁으로 표현되고 있지만, 이러한 얄팍한 처세술이나 무한 경쟁의 암울한 현실을 이야기하는 학계에 스티븐 코비는 인간 관계의 철학과 윈윈(Win-Win) 법칙을 세상에 알리며 신선한 충격을 주었다.

그는 경영의 중심은 사람이고, 사람과 사람이 함께 좋은 결과를 얻는 방향으로 나아갈 때, 진정한 성공을 얻을 수 있다고 설파한다. 그는 그런 가운데서라야 장기적이며, 원대하고, 근본적인 성공을 현실화할 수 있다고 믿었다. 상처뿐인 영광과 공허한 승리, 허탈한 승자와 패자의 모습으로 인간을 나누는 것이 아니라 함께 승리하는 연대의 중요성을 말하며 사람들에게 새로운 희망을 준 것이다. 사람들이 그에게 열광하는 데에는 이유가 있었다.

윈윈 법칙을 활용해 적용할 수 있는 일은 많다. 내가 가진 것을 감사하고 나누는 것이다. 물질적인 것을 나누거나, 시간을 나누고, 함께 사용할 수 있는 물건과 기술을 나누며, 다른 사람을 향해 따뜻한 마음을 나누고, 좋은 아이디어를 나누며, 힘을 나누고, 삶을 공유할 때 진정한 성공에 이르게 된다.

협력해서 상대와 내가 함께 잘되는 일, 이것이야말로 진정한 성공이 아닐까!

치과의사, 영국 케임브리지 대학교 유학, 경영 컨설턴트, 영국 옥스퍼드 대학교 유학, 경영 컨설팅 회사 영국법인 설립, 한국치과 교정연구회 이사, 한 대학교의 사회복지학과 교수, 해외 강연 강사.

나의 발걸음은 지금도 이 세상에 하나밖에 없는 나만의 지도를 그려나가고 있다.

꿈을 향해 폭발적으로 도약하는 기술

점프

제1판 1쇄 2023년 5월 23일

지은이 김형규
펴낸이 한성주
펴낸곳 ㈜두드림미디어
책임편집 최윤경, 배성분
디자인 디자인 뜰채 apexmino@hanmail.net

㈜두드림미디어
등 록   2015년 3월 25일(제2022-000009호)
주 소   서울시 강서구 공항대로 219, 620호, 621호
전 화   02)333-3577
팩 스   02)6455-3477
이메일   dodreamedia@naver.com(원고 투고 및 출판 관련 문의)
카 페   https://cafe.naver.com/dodreamedia

ISBN   979-11-966048-8-2 (03320)